Impulse für Mittelschüler
7. und 8. Klasse
Fachbuch für Schüler und Lehrkräfte
mit einem gemeinsamen Ziel:
Qualifizierender Abschluss der Mittelschule

Ein ganzheitlicher Ansatz

Impulse für Mittelschüler

7. und 8. Klasse

Fachbuch für Schüler und Lehrkräfte mit einem gemeinsamen Ziel: Qualifizierender Abschluss der Mittelschule

Ein ganzheitlicher Ansatz

Birgitta Hammerschmid-Foisner

Impressum

2. Auflage
Jahr: 2021 August
(Coverkorrektur)

Lektorat/ Korrektorat: Gila Sloterdijk
Covergestaltung: Birgitta Hammerschmid-Foisner
mit Canva, Stockfotos von Shutterstock

Autor: Birgitta Hammerschmid-Foisner
Co-Autor: Josef Foisner
Gastbeiträge: Sheela Esi Newton + Nikolas W + Anonym

Verlagsportal: Osiander / bookmundo (POD)
ISBN 978-9-40-363721-1

Die Deutsche Nationalbibliothek verzeichnet diese Publikation in der Deutschen Nationalbibliografie.

Über dieses Buch:

Von Gila Sloterdijk Dipl. Psych.

Als ich zum ersten Mal ausführlich von dieser Buchidee erzählt bekam, war ich schon Feuer und Flamme und hatte das Gefühl, dass die Kinder und Jugendlichen mit ihrer Unlust und ihren Schwierigkeiten, die sie in der Schule haben, genau gesehen und verstanden werden.
Als mir das fertige Manuskript vorgelegt wurde, hatte sich meine Hoffnung bewahrheitet.

Die Inhalte habe ich verschlungen und freue mich, wie herzlich, aufmunternd und humorvoll die wichtigen Themen erklärt sind. Aus meiner eigenen beruflichen Arbeit mit Kindern weiß ich, dass Schüler genau dieses Verständnis brauchen. Und die Lehrkräfte ebenfalls.

Ich hoffe von ganzem Herzen, dass viele Lehrer und Schüler dieses Buch in die Hände bekommen.

Es hält sein Versprechen, was den Titel betrifft.

Inhaltsverzeichnis

Dieses Fachbuch ist unkonventionell.
Die Autoren wissen, dass Schüler keine Inhaltsverzeichnisse lesen. Vielleicht gelingt es so:

Teil 1	Du und die Schule Warum wir uns wünschen, dass du den Quali machst	13
Teil 2	Wieso nur all diese unnützen Fächer	87
Teil 3	Was du mit einem Quali alles anfangen kannst	115
Teil 4	Nur für Lehrer ☺	143

Im Buch gibt es viele Themenüberschriften, so dass das Durchblättern einfacher wird. Die Teile sind gekennzeichnet.

Den Schülern ist es selbstverständlich erlaubt, auch einen Blick in den Lehrerteil zu werfen.

Vorwort

Dieses Buch soll Verständnis wecken.

Ein Verständnis für den Anderen und den Sinn des Lernens an sich.

Plötzlich aufkommende Lust, nicht nur auf einen einfachen Schulabschluss, sondern auf den Qualifizierenden Schulabschluss der Mittelschule ist gewünscht – weil es nun auf der Hand liegt, wie wichtig das doch für die Zukunft ist.

Erwachsene, die selbst bereits einen Abschluss in der Mittelschule, Realschule oder auf dem Gymnasium erworben haben, können sich oft nicht vorstellen, weshalb es schwer sein sollte, den Qualifizierenden Abschluss zu bestehen.

Immerhin ist es ja die niedrigste Stufe der im Schulsystem angebotenen Qualifikationen!

Trotzdem scheitern jedes Jahr viele Schüler an dieser Hürde und verlassen die Schule lediglich mit einem Abschluss, der in Bayern leider den irreführenden Namen „Erfolgreicher Abschluss" trägt, aber leider doch weitaus weniger echte Fortbildungschancen in sich birgt.

Warum? Nach Meinung der Autoren liegt dies beileibe nicht an fehlender Intelligenz, sondern hat weitaus tiefere Gründe. Diese Gründe beinhalten gleichzeitig die Lösungsansätze.
Ein Erfahren, Verstehen und Umsetzen schon ab der Klassenstufe 7 kann unser Geschenk für Ihre Schüler sein.

Sowohl die Schüler selbst, als auch die Pädagogen werden in diesem Buch angesprochen.

Wenn Sie Lehrkraft sind, beginnen Sie dieses Buch bitte zuerst mit Teil 4 und lesen dann erst die Kapitel für die Schüler. Wir wünschen uns, dass Sie das Buch auch im Unterricht einsetzen und jeder Schüler und Lehrer sein eigenes Exemplar hat. Eine motivierte Klasse, die weiß, wofür sie lernt, kann Ihnen Tag für Tag eine tiefe Zufriedenheit über den gewählten Beruf vermitteln. Dies ist unser Geschenk an die Lehrer.

Definition Fachbuch
Quelle: lehmanns.de/sachbuchfachbuchratgeber

Genau wie das Sachbuch ist das Fachbuch wissensorientiert - Es vermittelt also auch Wissen an den Leser. Fachbücher sind aber zudem noch handlungsorientiert, denn der Fachbuch-Kunde soll das Wissen nutzen, um bestimmte Handlungen durchführen zu können (...) Nutzwert (handlungsorientiert). **Handeln Sie gerne danach. Und du, falls du das liest, bitte auch!**

Teil 1

Du und die Schule

Impulse für Mittelschüler 7. und 8. Klasse Ziel: Qualifizierender Abschluss ☺

Hallo Servus ☺

Dieses Buch wurde in Bayern verfasst, deshalb das *Servus* als Begrüßung.

Echt schön, dass du dieses Buch liest.

Wir kennen dich nicht.

Deswegen treffen manche Sachen in diesem Buch vielleicht überhaupt nicht auf dich zu.

Bitte leg es trotzdem nicht weg, blättere es wenigstens durch.

Für dich.

Danke, das ist nett von dir und freut uns sehr.

Irgendwas wird dich vielleicht ansprechen.

Du wirst plötzlich verstehen, wieso gerade du so schlechte Noten hast, wo du doch eigentlich gar nicht blöd bist.

Ab diesem Zeitpunkt kannst du das ändern.

Eigentlich könnte uns ja voll egal sein,
ob gerade du
die Schule mit einem guten Abschluss
oder
ohne einen Abschluss verlässt.

Das ist es aber nicht!

Obwohl wir dich nicht kennen.

Darum wissen wir auch nicht, ob du ein Junge oder ein Mädchen bist. Deshalb bitten wir dich, beim Lesen mitzudenken und Begriffe für dich einzuordnen. Mit *er, der Schüler* meinen wir natürlich auch *Schülerinnen*. Ebenso sind bei *Lehrer* und *Freunden* auch *Lehrerinnen* und *Freundinnen* gemeint.

Du gehst jetzt in die 7. oder 8. Klasse.

Oder bist du schon am Anfang der 9. Klasse?
Dann lies bitte schneller, denn es eilt !

Nein, ernsthaft! Wenn deine Noten eher mies sind und du bereits in der Abschlussklasse bist, dann ist dieses Buch total wichtig für dich. Noch viel wichtiger, als für die Schüler der 7. und 8. Klassen.

Falls deine Eltern dich sowieso nerven, dass du mehr lernen sollst, dann lege das Buch erst weg, wenn du wenigstens den Teil 1 ganz gelesen hast. Du wirst hier interessante Sachen erfahren.

Erwachsene haben viel mehr Lösungen, als Jugendliche denken. Bitte sie, dich zu unterstützen. Wenn du nicht weißt, wie du fragen sollst, dann zeig ihnen genau diese Seite hier.

Es ist viel einfacher, noch Zeit zu haben, seinen Notendurchschnitt Schritt für Schritt zu verbessern. Ein Jahr ist da fast zu kurz! Aber du kannst es trotzdem schaffen.

Setz dich hin und lies es gleich.

Bei vielen Familien läuft ja tagsüber so nebenbei der Fernseher. Deshalb werden wir ab und zu Filme und Serien erwähnen, die du vielleicht kennst. Denn jeder, der TV schaut, bildet sich irgendwie eine Meinung zur Welt. Ganz automatisch.

Schaust du manchmal Trash-TV?

Du weißt nicht, was Trash ist?

Trash heißt Mist, Müll.

Das sind diese Sendungen, meist auf RTL II, wie „Verklag mich doch", „Frauentausch", „Hartz und herzlich" und Gerichtssendungen wie "Das Jugendgericht" - es gibt einige davon, die abwechselnd im Programm sind.
Eins haben sie aber gemeinsam: ganz viele der dargestellten Personen geben auf die Frage nach ihrem Beruf „ungelernt" an.

- Wer als Beruf „ungelernt" angibt, hat keinen Schulabschluss und keine Ausbildung.

- Und oft auch kein gutes Leben.

Natürlich kann man auch mit einem Schulabschluss und einer Ausbildung ein mieses Leben haben.

Allerdings lässt sich ein mieses Leben
später leichter ändern, wenn man seine Schulzeit genutzt hat.

Es ist ein großer Unterschied, ob du die Schule mit einem Notendurchschnitt von 4,0 oder von 3,0 beendest.

- **Du hat später einfach viel mehr Chancen.**

Du wirst in diesem Buch viel darüber erfahren.

Wir möchten, dass du verstehst, welche Chancen du dir in den nächsten Jahren erschaffen oder verbauen kannst.

- Das Wort *Chance* bedeutet übrigens: eine günstige Gelegenheit, etwas Bestimmtes zu erreichen.

Das ist meist mit einer bestimmten Zeit verbunden. Hast du den Begriff *Zeitfenster* schon gehört?

- Wenn sich ein Zeitfenster öffnet, sind Dinge möglich, wenn es sich wieder schließt, ist es vorbei mit der Möglichkeit.

Dein Zeitfenster sind jetzt diese letzten Jahre in der Hauptschule oder Mittelschule.

Irgendwann ist es vorbei.

Denn du wirst bald selbst erwachsen sein.

Nein, nicht 18! Das dauert wohl noch ein bisschen.

Lies weiter, dann erfährst du, was wir meinen.

Erwachsen oder nicht erwachsen

Wovon hast du geträumt, als du 5 Jahre alt warst?
Damals hast du wahrscheinlich mit kleinen Autos, mit Puppen, Lego oder Bauklötzen gespielt, hast Bilder für Mama gemalt und bist im Regen lustig durch den Dreck gesprungen.

Vielleicht machst du das auch heute noch alles (LOL)

Wenn du liebevolle Eltern hast, haben sie dir vielleicht jeden Abend eine Gutenachtgeschichte vorgelesen. Und dich an den Armen gefasst und als „Flugzeug“ durch die Luft gewirbelt.

Erwartest du das heute auch noch jeden Abend von ihnen?

Wahrscheinlich eher nicht.

Denn es gibt viele, sehr viele Entwicklungsstufen im Leben eines Menschen.

Was dich heute mit 13, 14, 15 oder 16 froh und glücklich macht und als das Allerwichtigste für dich und dein Leben erscheint, wird dich in 5-10 Jahren vielleicht genausowenig interessieren, wie die Gutennachtgeschichte.

In ungefähr 10 Jahren bis du so richtig erwachsen.

Wir meinen mit „erwachsen" eben nicht nur, dass du 18 Jahre bist, ein Auto steuern, zur Wahl gehen oder sogar eine Familie gründen darfst und endlich tun kannst, was dir gefällt.

Erwachsen sein hat etwas damit zu tun, dass man seinen Lebensunterhalt allein bestreitet (komisches Wort – bestreitet heißt in diesem Zusammenhang: zusammenkriegt, aufbringt, verdient, finanziell und menschlich unabhängig ist)

Noch lebst du bei deinen Eltern, zumindest einem Elternteil, vielleicht bei der Oma oder - weil dein Leben im Moment leider nicht optimal läuft – sogar in einer betreuten Wohngruppe oder in einem Heim.

Wie schon erwähnt, wir kennen dich ja nicht.

Jedenfalls brauchst du wohl keine Miete für dein Zimmer zu bezahlen, kriegst zu Essen und im Optimalfall Taschengeld und

- du hast das Privileg, zur Schule gehen zu dürfen.

(Privileg bedeutet: besondere Ehre, Geschenk)

Hä, Privileg?   Schule ist dir eher total lästig ?

- **Wir bitten dich nochmals, einfach weiterzulesen.**
- **Du wirst in diesem Buch Sachen erfahren, die dich echt wundern werden.**

Gib uns eine Chance ☺

Kommunikation ist super wichtig

Es ist so wichtig, bereits als Jugendlicher zu lernen, sich mit Worten auszudrücken.
Miteinander in Ruhe zu sprechen.

Kennst du den Spruch:

- wer schreit, hat Unrecht ?

Es gibt noch einen in diese Richtung:

- wer sich nicht mit Worten wehren kann,
  der wehrt sich mit den Fäusten

Und das ist schade. Es sollte nicht sein, dass Menschen sich gegenseitig anschreien, beleidigen oder sogar schlagen.

Das menschliche Leben ist eine Entwicklung.

- Weitgehend normal ist es, dass ein Kleinkind schreit oder heult oder mit den Fäusten haut, wenn es etwas will und nicht kriegt.

  Seine Sprache muss sich erst entwickeln.

- Wenn ein Jugendlicher oder sogar ein erwachsener Elternteil schreit, heult oder mit den Fäusten zuschlägt, dann ist bei dieser Entwicklung etwas schief gegangen.

Jemanden anschreien kann bereits eine Beleidigung sein. Es wäre schön, wenn jede Generation, die nachkommt - nämlich zum Beispiel DU - es besser macht.

Eine gute Bildung, ein großer Wortschatz und das Verstehen der Zusammenhänge spielt dabei eine große Rolle.

Wir wünschen uns, dass immer mehr Menschen mit Worten ausdrücken können, was sie bewegt und was sie stört. Dadurch sind Situationen veränderbar.

Dafür schreiben wir dieses Buch auch.

Wer sich nicht traut, etwas zu sagen, wird nicht verstanden. Wer nicht ausreden darf, ebenfalls nicht.

Verrückte Tatsachen

Wissenschaftler haben festgestellt, dass sich ein Kind/Jugendlicher sehr schwer oder überhaupt nicht vorstellen kann, irgendwann einmal älter als 30 Jahre zu sein. Viele sind davon überzeugt, dass mit 30 Schluss ist.

Das ist ein psychologisches Phänomen (das bedeutet: keiner weiß so ganz genau, warum das so ist)
Wahrscheinlich hat es mit der Evolution zu tun und das ist sehr gut so.
Wenn dich das Thema interessiert, Wikipedia weiß alles ☺

Deine Eltern sind aber wohl mit ziemlicher Sicherheit älter als 30 Jahre. Nimm dies gerne als Beweis, dass es ein "Leben danach" gibt ☺

Du musst dir heute auch nicht vorstellen können, dass du mal 30 oder 40 bist. Es wäre aber schön, wenn du dir vorstellen kannst, dass du jetzt in deinem Leben als Schüler andere Aufgaben hast, als deine Eltern.

Dein Job ist Schule. Finde heraus, was du alles kannst.

Haupt- und Mittelschulen gibt es nicht überall in Deutschland. Einige Bundesländer haben das System der Gesamtschule. Wir schreiben dieses Buch für Mittelschüler.

In Bayern nennt sich der erste **richtig wichtige Abschluss,** den du machen kannst:
Qualifizierender Mittelschulabschluss.

Kurz genannt Quali.
Diesen Begriff Quali haben wir für das ganze Buch als Abkürzung gewählt.

Wir meinen damit immer: egal wo du wohnst, überall brauchst du in der 9. Klasse einen Notendurchschnitt von 3,0 oder maximal 3,5 damit du ihn auch später nutzen kannst. Wie, das erklären wir in diesem Buch.

✔ Qualifizierend, Qualifikation bedeutet:
durch Ausbildung, Erfahrung oder Ähnliches erworbene Befähigung zu einer bestimmten (beruflichen) Tätigkeit.

Je nachdem, wo du wohnst, heißt der Abschluss vielleicht ein bisschen anders, zum Beispiel in: Hessen, Niedersachsen, Berlin, Nordrhein-Westfalen – und im Land Österreich!
Denk dann einfach an das entsprechende andere Wort – du weißt dann ja, was wir meinen.

In Baden-Württemberg gibt es keinen Quali, sondern einen Hauptschulabschluss oder danach, wenn man will und die Prüfung schafft, den Werksrealabschluss. Deshalb sind gute Noten wichtig. In Teil 3 wirst du erfahren, warum.

Unter guten Noten verstehen wir 1, 2 und 3 .

9 Jahre umsonst

Du gehst nicht gern in die Schule?
Du gehst gar nicht gern in die Schule?
Die Schule langweilt dich?
Bitte sei so nett und frage dich folgendes:

**Macht es Sinn,
sich 9 Jahre lang zur Schule zu schleppen
und sich dann ohne diesen
Qualifizierenden Abschluss, ohne diese
erste schriftliche Bestätigung,
dass du wirklich was kannst,
dass du echt was im Kopf hast,
dort wieder raus zu schleichen?**

**Dann waren 9 Jahre Aufstehen und
Hingehen ja komplett umsonst!**

**Hmm... Es würde zumindest Sinn machen,
darüber mal nachzudenken, oder?**

Schulpflicht – Schulrecht

Wusstest du schon

das es die Schulpflicht in Deutschland erst seit 1919 gibt?

Da sind nur ungefähr 100 Jahre, obwohl wir bereits im 21. Jahrhundert leben.

Falls dir das nicht klar ist: seit Beginn unserer Zeitrechnung sind 20 x 100 (2000) Jahre und sogar ein bisschen mehr vergangen – 19 x 100 Jahre durften sie das nicht – die Kinder mussten stattdessen schwer arbeiten – und erst so kurze Zeit dürfen alle in die Schule gehen.

Vor 2000 Jahren gab es noch gar keine Schulen, wie du sie kennst. Die meisten Menschen lebten von der Landwirtschaft und hatten genug auf den Feldern, auf den Weiden und mit dem Hüten der Tiere und dem Verarbeiten der Milch zu tun.

Lesen und schreiben brauchten sie nicht. Es gab keine Bücher, keine Zeitungen und auch keine Comics.

Im Mittelalter gab es dann zumindest schon Klosterschulen. Manchen Familien war das sehr wichtig und sie schickten eines ihrer vielen Kinder (oft 10) auf die Klosterschule, wo es etwas lernen durfte. Wer lesen und schreiben konnte, schrieb zum Beispiel *Die Bibel* ab. Es gab ja keine Kopierer oder Drucker, das Buch wurde Wort für Wort abgeschrieben. Damit konnte man damals Geld verdienen, so dass dadurch der Rest der Familie finanziell unterstützt werden konnte.

Die Schule, wie du sie heute kennst, gibt es noch nicht so lange.

Schulpflicht ist viel mehr, als dass du zur Schule gehen musst. Schulpflicht ist ein Recht auf Bildung!

Früher war es normal,
dass Kinder sogar schon mit 8 oder 9 Jahren
an vollkommen fremde Bauern verkauft oder verliehen wurden, um den ganzen Tag auf dem Feld zu helfen.
Oder sie mussten in Fabriken arbeiten oder im Kohlebergwerk. Das war Schwerstarbeit.

Bildung hatten sie keine. Und richtig Spaß wohl auch nicht.

Irgendwann haben die gebildeten Erwachsenen eingesehen, dass das Unrecht ist. Und weil sie die Macht hatten, etwas zu ändern, haben sie es geändert.

Für alle Erwachsenen, auch die Ungebildeten, wurde bestimmt, dass sie sich um ihre Kinder kümmern und ihnen ein besseres Leben bieten sollen.

➢ **Durch die Schulpflicht sind Eltern verpflichtet worden, Kindern den Schulbesuch zu ermöglichen.**

Damit die Kinder die Möglichkeit haben, sich und ihre Fähigkeiten kennenzulernen.

Die meisten Menschen arbeiten ihr ganzes Leben.
Schön ist es, wenn man einen Beruf hat, den man mag.

- **Deswegen sind wir so scharf darauf,**
  dass du den Quali machst.
  Dein Quali ist dein Sprungbrett
  für Aufstiegschancen und Weiterbildungen.
  Oder für den Wechsel in einen anderen Beruf.

Auch, wenn du heute glaubst, Bildung ist egal
denkst du wahrscheinlich in 10 Jahren anders.

Und wenn du wirklich mal über 30 bist, wirst du froh sein, dass du die Jahre in der Schule nicht stumpf und hohl abgesessen, sondern gut genutzt hast.

Wieso braucht man überhaupt Bildung – ist doch unwichtig

Ich erinnere mich noch genau an den Augenblick, als ich in der Berufsschule saß und wir in Sozialkunde den Begriff *Peer-Group* durchgenommen haben. Innerlich saß ich mit offenem Mund da und konnte es nicht fassen, wie **interessant** das war! **Damals eröffnete sich mir damit eine völlig neue Welt!**

- Es war so verrückt, ich hatte mit dem Thema etwas erfahren, wovon ich bis dahin nichts ahnte.

Das war so ein tolles Gefühl!

Diese Schulstunde hat mein ganzes Leben verändert.

Es war ungefähr so wie bei Harry Potter, als dieser zum 1. Mal auf dem Gleis 9 $^3/4$ stand und sich für ihn eine **neue Realität (Wirklichkeit)** auftat.

(Wenn dich interessiert, was eine *Peer-Group* ist, kannst du es gerne googeln) Das war im März 1981. Ewig her. Kann sein, dass deine Eltern damals noch nicht einmal geboren waren! Aber ich weiß es noch, als wäre es gestern gewesen. **Das Gefühl war gigantisch. Und Gefühle vergisst man nicht.**

Und ich erlebte diesen (meinen) unglaublichen Augenblick nur deshalb, weil ich 2 Jahre zuvor

- den Qualifizierten Hauptschulabschluss (damals hat man das so genannt) mit Supernoten geschafft habe
- deswegen überhaupt eine Ausbildungsstelle zur Verwaltungsfachangestellten im Kommunaldienst bekam (eigentlich war Mittlere Reife Voraussetzung) und nur deshalb genau in dieser Sekunde im Berufsschulunterricht saß.

Hätte ich den Quali damals nicht angepeilt und geschafft, hätte ich nie etwas von *Peer Groups* gehört und mein Leben wäre total anders verlaufen.

Dieses Buch würde es auch nicht geben.

Das Leben kann so spannend sein,
wenn man viele verschiedene Interessen hat!

Trau dich,
neue aufregende Sachen zu erfahren
denke viel und gerne
und sei gespannt, wie es weitergeht.

Ja – und deswegen ist Bildung sinnvoll:

Je mehr du weißt, desto mehr kannst du machen.

Ein ungelernter Mensch ohne Schulabschluss muss später die Arbeit machen, die er kriegt (falls er eine kriegt).

Ein Mensch mit Schulabschluss und Ausbildung – also ein gelernter Facharbeiter - wird besser bezahlt und kann sich durch weiterführende Kurse sogar hocharbeiten und wird sicher glücklicher in dem Beruf sein, den er sich ausgesucht hat und – falls ihm der Beruf nicht gefällt – kann er sich jederzeit für etwas bewerben, was ihm besser gefällt.

Bildung - was ist das überhaupt ?

Ich habe mal einen Mittelschüler der 9. Klasse gefragt, ob er weiß, was „die Steinzeit“ war. Er überlegte eine Weile und antwortete dann: “das ist eine Zeit, wo es viele Steine gibt“. Wenn du jetzt denkst, *ha ha, der hat die voll verarsch*t – das dachte ich zuerst auch - leider wusste er es wirklich nicht.

Steinzeit hat nur bedingt mit Steinen zu tun. (bedingt = nur so ein bisschen)
Bildung hat auch nicht wirklich was mit einem Bild zu tun. (außer, wenn es um Kunst geht)

Wenn dir klar ist, was man unter *Steinze*it versteht, dann hast du schon einmal mehr Bildung als dieser Schüler.

Wenn du auch nicht weißt, was es ist, dann google es bitte, denn so etwas gehört zur sogenannten „Allgemeinbildung“ .

- Es gibt gewisse Dinge, die sollte man in einem gewissen Alter schon wissen.

- Und genau diese Dinge lernt man in der Schule – durch den Lernstoff und im Zusammensein mit den anderen.

- Oder in der Familie.

Bildung
besteht aus
Schulbildung + beruflicher Bildung
+ Menschlicher Bildung
(„Sozialkompetenz" genannt)

Manche Menschen sind super schlau und kennen sich bei jedem Thema aus, sind aber furchtbar unangenehme Menschen.

Andere sind vielleicht nicht so fit, was Wissen betrifft, aber sie sind die verständnisvollsten Kumpel und hören gut zu. Auch, wenn sie vielleicht nicht weiterhelfen können.

Wieder andere sind ungebildet und unfreundlich zugleich.

Wir wünschen uns Menschen, die ihr Hirn jeden Tag gebrauchen und gleichzeitig nett zu anderen sind.

Kennst du aus der Serie Spongebob (die – glauben wir – jedes Kind gesehen hat, nachdem sie schon ewig läuft) den Seestern Patrick?

Patrick wirkt ja manchmal ein wenig beschränkt - oder?

Leider wirken Jugendliche, die nicht das Geringste über die Welt, in der sie leben, wissen und sich auch nicht dafür interessieren, auf Erwachsene genau so, wie Patrick auf die Fernsehzuschauer wirkt. Voll verpeilt.

Um das zu ändern, gibt es Schulunterricht.

Es bringt nicht so viel, alles über DSDS, Star Trek oder über Pferde, GoT oder Fußball zu wissen. Wieso? *Is doch cool,* sagst du? Ja, cool ist es schon, wenn du dir damit beweisen kannst, dass du dir sehr wohl etwas merken kannst. Und in etwas Experte bist. Aber wenn du zwar alles über Bikini Bottom weißt, aber alleine nicht zu deinem Friseur findest, nicht weißt, welche Zeit die Zeiger einer Uhr anzeigen oder einen Busfahrplan nicht kapierst oder wie du aus einem Automaten einen Schokoriegel oder ein Ticket holst, ist das *voll am Leben vorbei.*

Wie der menschliche Körper funktioniert und was ihm schadet, sollte man auch wissen.
(Sauerstoff zum Beispiel ist gut, zu viel Zucker ist schlecht)

Dann wäre es super, wenn du gut lesen und schreiben kannst.
Und in ganzen Sätzen reden, die einen Sinn ergeben.

Nicht nur *ja - nein - mir egal* – oder *keine Ahnung.*
Wenn du jemanden beeindrucken möchtest, ist es gut, keinen

Schmarrn, Blödsinn, Mist zu reden. Oder beleidigend zu werden. Sonst denkt sich der andere vielleicht: *was ist denn das für einer, mit dem will ich nichts zu tun haben.* Schade.

Und einigermaßen Kopfrechnen zu können ist auch wichtig.

- Wie viel sind 25 % von 40?
- Kann ich mir 3 CD´s leisten, wenn eine CD 19,99 € kostet und ich 55 € dabei habe?

Ganz vielen Menschen ist vor allem Pünktlichkeit wichtig!

- Wenn ich in 90 Minuten am Treffpunkt sein soll und 10 Min. dorthin brauche, wann muss ich dann daheim los, um pünktlich zu sein, wenn es jetzt 8.45 Uhr ist?

All das lässt sich innerhalb von Sekunden errechnen, wenn man weiß wie es geht. Wenn man nicht weiß, wie es geht und sich dann Sätze wie „Mann, checkst du das nicht, bist du deppert" anhören muss, ist es höchste Zeit, es nachzulernen oder es sich von jemand erklären zu lassen.

Solltest du keine Ahnung von Quantenphysik oder von polymeren Kunststoffen haben, ist das ziemlich egal. Das interessiert nur manche Menschen und die erwarten aber auch nicht, dass sich andere in ihrem Spezialgebiet auskennen. Unterhältst du dich mit deinem Freund über *Game of Thrones* oder *TheVoice* oder *Fortnite* (das nennt man dann „fachsimpeln") oder über Klaviersonaten, *Star Trek* oder Mascara - und jemand, der keine Ahnung davon hat, hört euch zu, dann wird dieser kaum ein Wort von eurem Gespräch verstehen. Entweder es ist ihm egal oder er beschäftigt sich mit dem Thema, damit er beim nächsten Mal mitreden kann.

- Denn Fachwissen hat weniger mit Bildung zu tun, als mit Interessen und entsprechender geistiger Beschäftigung mit dem speziellen Thema.

Es gibt Grundschüler, die kennen alle Pokemons, wissen aber nicht, in welcher Straße sie selbst wohnen. Das ist mit 8 oder 9 auch vollkommen ok, mit 13 Jahren ist das schon eher eine Katastrophe.

Du solltest auch etwas über das Land wissen, in dem du lebst und geboren bist. Falls das zwei verschiedene Länder sind, musst du eben über beide etwas wissen.

Jedes Land hat seine eigene Idee, was ihre Bewohner wissen sollten, um gebildet zu sein.
Es ist sogar in jedem Bundesland anders (und hilfreich, zu wissen, was der Unterschied zwischen Land und Bundesland ist)

In Bayern, Baden-Württemberg und in der Republik Österreich ist das Schulsystem unterschiedlich, aber ähnlich.

Vielleicht musst du manchmal umdenken in unserem Buch.

Denken ist schön ☺

Oft sind nur die Ausdrücke und Bezeichnungen anders.

Die einen sagen zu "Hausaufgaben"

- ✔ Aufgaben oder
- ✔ Hausarbeit oder sogar Schularbeiten

Oder zur Extemporale

- ✔ Kurzarbeit
- ✔ Ex oder
- ✔ Stegreifaufgabe

Wenn du einen Ausdruck nicht verstehst, lies weiter, vielleicht erklärt er sich im nächsten Satz.

Jedenfalls finden wir wichtig, dass du folgendes weißt:

In Schleswig-Holstein gibt es zum Beispiel gar keine Mittelschulen. Die haben ein ganz anderes Schulsystem.
Wenn du deinen Abschluss aber schaffst, ist er trotzdem in Schleswig-Holstein und in ganz Deutschland (oder in ganz Österreich, falls du da wohnst) gültig.

Vielleicht ziehst du als Erwachsener ja um und bewirbst dich in Hamburg oder Kiel oder Wien auf eine Arbeitsstelle.

Jedes Land (und Bundesland) sucht dringend und ständig „Facharbeiter". Facharbeiter zu sein bedeutet, voll mit dem Hirn dabei zu sein, zu wissen, was man tut und ständig mitzudenken. Viele Tätigkeiten sind sehr anspruchsvoll, weil man richtig Ahnung – Fachwissen - haben muss – zum Beispiel bei elektrischen Anlagen, beim Bomben entschärfen oder Drehmaschinen programmieren.

Zurück zur Schulbildung.

Gerade in der Coronazeit waren anfangs die Einschränkungen oder Freiheiten überall anders. In manchen Bundesländern waren die Schulen geöffnet, in anderen wieder nicht. Bayern war sehr streng. Denn zuständig war bis April 2021 eben nur das Land (Bundesland) und da hat man die Wissenslücken der Menschen über Zuständigkeit deutlich gemerkt.

Jeder Mensch sollte etwas über das Land und das Bundesland wissen, in dem er lebt. Das hat auch mit Rechten und Pflichten, mit Freiheiten zu tun - oder Einschränkungen. Denn nicht alles ist bundeseinheitlich geregelt.

- Das mit der Zuständigkeit wissen sogar viele Erwachsene nicht und schimpfen deshalb über die (verkehrten) Politiker. Weil sie den Unterschied zwischen Land und Bund nicht kennen. Peinlich.

- Menschen mit lückenhafter Bildung behaupten oft Sachen, die so gar nicht stimmen oder sie ärgern sich über etwas, was sie einfach nicht kapiert haben. Manchmal, weil sie eigentlich kein wirkliches Interesse haben, aber gerne über vieles schimpfen.

- **Viele jammern auch rum, weil sie nichts vom Kausalzusammenhang wissen (der kommt später im Buch). Oder sie lästern ab. Zum Beispiel über Kunst oder Gedichte, Opern und klassische Musik.**

Politik und Regierungsformen ändern sich auch öfter mal. Deshalb gibt es das Fach Geschichte.

Wusstest du zum Beispiel

- ✗ dass es in Deutschland früher einen gekrönten Kaiser gab, der das Volk regierte? Und nur knapp 20, 25 Jahre später war da plötzlich ein Diktator, der den Menschen alles vorschreiben wollte! Sogar, mit wem man befreundet sein durfte. Und wen man haten sollte. Krass, oder?
- ✗ oder dass die Familie Fugger in Augsburg eine der ersten der ganzen Welt (!) waren, die sozial schwächere Familien unterstützen?
- ✗ oder dass unglaublich viele Bayern (30.000 oder so) in der französischen Armee von Kaiser Napoleon Bonaparte freiwillig – für Geld oder aus Abenteuerlust – gegen dessen Feinde mitkämpften?

Vielleicht war dein Ur-ur-ur-Opa damals auch dabei.

Es gibt so viele Sachen zu wissen, die das eigene Leben interessant machen und beeinflussen.
Natürlich spricht jeden etwas anderes an und man muss sich auch nicht für alles interessieren.
Aber nach diesen Erkenntnissen (was interessiert mich wenigstens ein wenig, was interessiert mich überhaupt nicht), kann und sollte man dann seine Berufswahl treffen.
Und da sind wir wieder beim Quali ☺

Ausbildung ist auch eine Bildung

Nach Ende der Schule fängt die Arbeit an.

Leute ohne Schulabschluss finden oft keinen Ausbildungsplatz.

Es gibt aber auf jeden Fall 10 Pflichtschuljahre in Bayern oder auch in Baden-Württemberg.

Wenn du nach dem Quali also nicht sowieso die M10 oder den Werksrealabschluss dranhängst und damit den

Mittleren Bildungsabschluss

erreicht hast, gehst du trotzdem zur Berufsschule.

- Nein, Jugendliche ohne Ausbildungsplatz können nicht einfach **chillen**, sondern müssen dann das Berufsgrundschuljahr (BGJ) machen. Das ist Pflicht.

In diesem BGJ bekommen sie nochmal Zeit, den Hebel rumzuwerfen (wieder so ein Spruch - bedeutet: es zu kapieren und zu ändern) und sich um gute Noten und eine Ausbildungsstelle zu bemühen.

Du und deine Aufgabe - jetzt

Im Moment ist deine Aufgabe, die Schule gut zu machen - und ein Gefühl dafür zu entwickeln, was du magst oder nicht magst.

Wenn du nämlich in einem Beruf landest, der dir nicht gefällt, ist das nicht so toll. Deshalb brechen so viele die Lehre ab.

Doch wenn du gar keinen Ausbildungsbetrieb findest, ist das großer Mist. Dann kannst du nicht einmal herausfinden, ob es dir gefallen würde.

Diese Schuljahre, in denen du dich gerade befindest, geben dir Zeit und mit Praktikumsmöglichkeiten auch Chancen, einen geeigneten Beruf zu finden.

Dein späterer Beruf – Bewerbungen

Eines Tages (wenn er nicht schon da war) wird ein freundlicher Berufsberater der Arbeitsagentur in deine Klasse kommen und euch alles erzählen, was mit Ausbildung zu tun hat. Er hat sicher tolle Tipps und Vorschläge für dich.

Weil wir nicht wissen, wann er genau kommt, hier schon mal ein wichtiger Hinweis von uns:

Weißt du eigentlich, dass das Jahreszeugnis der 8. Klasse super wichtig ist?

Wenn ein Betrieb eine Ausbildungsstelle anbietet, so immer für den kommenden Sommer, denn sie müssen ja verschiedene Bewerber anschauen, aussortieren und sich für einen entscheiden. Meist unterschreibt man den Ausbildungsvertrag im Frühling. Da hast du dein Qualizeugnis ja noch nicht.

Beispiel: :
Du möchtest einen Beruf erlernen, für den der Quali Voraussetzung ist und kommst zum Beispiel im Sommer 2023 aus der Schule. Du bewirbst dich aber schon im Herbst 2022 um diesen Ausbildungsplatz und legst dazu dein Zeugnis der 8. Klasse bei.

Deshalb ist dieses Buch optimal für Siebt- und Achtklässler, denn das Jahreszeugnis der 8. Klasse sollte möglichst gut sein.

Auf jeden Ausbildungsplatz bewerben sich ganz viele Schüler. Der Betrieb hat dann einen ganzen Stapel Bewerbungen (manchmal 100 Personen auf eine einzige Stelle) und wird sicher nicht jeden zu einem Bewerbungsgespräch einladen. Das würde viel zu viel Zeit in Anspruch nehmen.

Deshalb sortieren sie aus. Und schlechte Noten im Zeugnis

sind so ein Grund, aussortiert zu werden. Eigentlich oft der Hauptgrund.

Dann bekommst du eine Absage.

Die Ausbildungsbetriebe möchten ja, dass du die Ausbildung auch bestehst. In der Berufsschule hast du Schulfächer, die für den Beruf wichtig und nötig sind und da geht das Lernen weiter. Wenn du dich mit einem schlechten Zeugnis bewirbst, denken sie, du hast keine Lust zu lernen.

Vielleicht wärst du genau für diesen Beruf super geeignet und würdest auch ganz toll in die Firma passen und dich mit deinem Chef und den Kollegen unglaublich gut verstehen und viele Jahre dort arbeiten und gut verdienen.

Aber sie werden es niemals erfahren

– weil sie dich einfach vorher schon aussortiert haben und gar nicht kennenlernen. Deine Noten waren nicht gut genug.

Dumm, oder?

Übrigens: Ganz egal, welchen Beruf du später lernen möchtest, Mathe ist im Berufsschulunterricht immer dabei. Und die Abschlussprüfung ist schriftlich und mündlich und in manchen Berufen gibt es noch einen praktischen Teil.

Deine Noten

Leider sind deine Schulnoten nicht so prickelnd.
Woher wir das wissen? Na, du würdest dieses Buch nicht lesen.

Falls ihr dieses Buch in der Klasse durchgeht und du eigentlich ganz gute Noten hast, wirst du deine Klassenkameraden, die schlechter sind als du, danach mit anderen Augen sehen. Vielleicht kannst du ihnen helfen, wenn du erzählst, wie du lernst. Ich erzähle später auch, wie ich es gemacht habe, vielleicht hast du eine andere Art und Weise. Dann haben deine Mitschüler gleich 2 Tipps, wie es geht.

Schulnoten

Jeder weiß: 1 2 3 ist noch gut und 4 5 6 ist schlecht.

Da hilft auch nicht, dass sich eine 4 „ausreichend" nennt.

Es scheint ja doch nicht auszureichen.

Na ja, vielleicht, dass du die Klasse nicht wiederholen musst – ja, dafür reicht es aus. Das ist aber schon alles.

Wie deine Noten besser werden

Ab morgen können deine Noten besser werden, wenn du folgendes verstanden hast:

- zwischen einer 3 und einer 4 liegt in einer Schulaufgabe nur ein einziger Punkt!

Wenn du diesen Punkt hast, bekommst du „befriedigend“, hast du ihn nicht, ist es (noch immer) „ausreichend“

- Blöder ist es schon, wenn dieser Punkt zwischen Note 4 und 5 entscheidet.

„Ausreichend“ reicht aus ☺ - die 5 nennt sich aber leider schon „mangelhaft“ . Das heißt, es sind so viele Mängel (es fehlt viel) in deiner Arbeit, dass man von „Wissen“ nicht mehr ausgehen kann.

Und das ist fatal (das heißt: peinlich, unangenehm), denn es beweist dem Lehrer: obwohl du körperlich im Klassenraum anwesend warst, warst du es wohl geistig nicht.

Der Lehrer hat den Stoff erklärt und je nach Fach einen Eintrag dazu angeboten oder eine Hausaufgabe aufgegeben.
Wenn du in der Schulaufgabe eine 5 schreibst, heißt das, du hast das Angebot des Lehrers, dir etwas beizubringen, einfach nicht angenommen. Warum auch immer.

#Du hast wieder eine Chance verpasst.

Zu möglichen Gründen (und dazu gibt es viele) kommen wir noch.

Eine 6 zu schreiben ist noch krasser.

Statt „ungenügend“ würde „total verweigert“ besser passen.

Denn auch wenn die Bezeichnungen - sehr gut, gut, befriedigend usw. - einigermaßen Sinn ergeben, ist „ungenügend“ keine gute Übersetzung für eine 6.

Wir würden das so übersetzen:
Aus einem unbekannten Grund verzichtet der Schüler darauf, seine Bildung zu erweitern und bringt sich um das schöne Gefühl, für eine gute Leistung angemessen belohnt zu werden.

Hmm.
Wir hoffen, du schreibst ohnehin keine Sechser.

Note 6 - verweigert – warum?

Vielleicht hast du im Internet auch schon mal die *coolsten Antworten bei Schulaufgaben* gelesen. Natürlich ist es witzig, wenn einem Schüler eine geniale Antwort einfällt, auch wenn sie nichts mit dem Stoff zu tun hat.

Allerdings erkennen Lehrer im Regelfall sofort, dass dieser Schüler (hoffentlich nicht du) damit leider nur seine Hilflosigkeit zeigt.

Entweder der Schüler weiß die Antworten nicht oder er rebelliert gegen das System. Das kann aus Langeweile, Überforderung, Unterforderung oder aus Verzweiflung sein. Vielleicht kommt er auch mit dem Lehrer nicht klar.

Die wenigsten Menschen wollen,
dass andere sie
für hilflos und schwach halten.

Deshalb wurde die Coolness erfunden.

Das kann aber auch übel nach hinten losgehen.

Wir wissen: manchmal ist es schwer, sich zu konzentrieren. Die Gedanken sind abgelenkt, weil es vielleicht Probleme daheim gibt, an die man ständig denken muss und dann kriegt man im Unterricht nichts mit. Dann ist es umso wichtiger, zuhause den Eintrag nachzulesen. Jeder Sechser bringt ein zusätzliches Problem. Dein Job ist Schule.

Das Verstehen der Fragen ist auch so eine Sache. Oft werden die Aufgaben einfach nicht aufmerksam genug gelesen. Dann schreibt man etwas hin, was gar nicht gefragt war und wundert sich, wenn es keine Punkte dafür gibt.

Gute Noten sind doch gut - oder?

Was ist schöner? Eine Schulaufgabe rauszukriegen und eine 2 zu haben oder eine 5?

Voll die dämliche Frage?

Deine Antwort war „natürlich 5 – Sarkasmusschild hochhaltend" ?
Ja sicher! Sarkasmus ist der Versuch, ein Thema lächerlich zu machen, welches eigentlich sehr ernst ist.

Deshalb konnte Sheldon Cooper (aus Big Bang Theory) Sarkasmus auch so schlecht erkennen. Denn Sheldon ist einfach voll von sich überzeugt. Unsicherheit und fehlendes Selbstvertrauen sind sicher nicht sein Problem.

Denk mal bitte drüber nach, ob du dich darin erkennst und so tust, als ob dir schlechte Noten am Arsch vorbei gehen… (sorry für den Ausdruck)

und hör auf, darüber zu spotten!

Bitte. Danke.

- **Je mehr Dinge in deinem Leben funktionieren desto mehr macht das Leben Spaß.**

- **Wenn man keine Belohnung für das, was man tut, bekommt, dann ist man gefrustet.**

Wenn dich dein Hund beißt
oder deine Katze kratzt
gibst du ihnen sicher kein Leckerli dafür.

Und wenn du keinen Bock auf Schule hast
schenkt dir keiner gute Noten.

Natürlich ist es irgendwann normal
wieder eine schlechte Note rausgekriegt zu haben.

Aber wer will schon normal sein?

Ist doch cool, wenn man gelernt hat und
dafür mit einer guten Note belohnt wird.

Falls du Videospiele spielst, sieh jede Aufgabe wie ein Level. Du kannst ewig frustriert bei Level 3 hängen, oder Schritt für Schritt voll durchstarten auf Level 47.

Machst du Leistungssport? Da willst du doch auch siegen, oder? Der vorletzte Platz oder gar ein Abstieg ist doch nicht dein Ziel, wofür du trainierst...

Ist dich zu schminken das Wichtigste für dich? Dann fragen wir dich: schminkst du dich stundenlang, damit du dich selbst am Ende total lächerlich oder voll bescheuert findest? Eher nicht, oder?

Übst du auf einem Musikinstrument? Wenn du anderen etwas von deinem Können zeigst, willst du ja wohl auch nicht, dass es sich grottenschlecht anhört...

- **Du willst doch nicht was machen, was am Ende nach hinten losgeht, oder?**

Wieso dann in der Schule?

Das Geheimnis – wie du gute Noten schreibst

Du hast gelernt und das Richtige hingeschrieben?

Das gibt einen Punkt.

Nicht gewusst?

Das gibt keinen Punkt.

Hä, Geheimnis?

Lies es gerne nochmal und denk darüber nach.

Denken ist überhaupt gut.

Der Hamburger-Jackpot

Stell dir vor:
du machst online bei einem Gewinnspiel mit und dann gewinnst du lebenslang täglich einen Hamburger bei McDonalds/Burger King/einer vergleichbaren Kette.
Und du wohnst genau daneben.

Wäre das cool oder eher nicht?

Das kommt darauf an.

- Vielleicht magst du gar keine Hamburger
- vielleicht kannst du nach einem Jahr keine Hamburger mehr sehen und wirst 100 Jahre alt
- was ist, wenn deine Eltern mit dir umziehen wollen? In einen Ort, wo es keine Filiale dieser Kette gibt - wäre das schlimm und ein Grund, nicht umzuziehen?
- Bist du vielleicht Vegetarier? Oder Veganer?
- Freust du dich, denn Hamburger sind dein Lieblingsessen?
- Denkst du schon drüber nach, wem von deinen Freunden du jeden Tag den Hamburger weiterverkaufen kannst? Immerhin sind das 30 oder 31 Hamburger im Monat !
- Oder man könnte ein Tauschgeschäft aufziehen...

Was fällt dir noch ein?

Wenn du jetzt echt mitgedacht hast, schon mal vielen Dank.

Das war eine Stoffsammlung.

Und die ist die Grundlage, die Basis für jeden Aufsatz, jede Erörterung und jeden Artikel.

- **Wenn du ein Thema kriegst, ist *keine Ahnung, mir egal* ein schlechter Ansatz.**

Schreib nicht einfach irgendetwas hin.

Themaverfehlung

Wenn du das Thema verfehlst, nennt sich das
(Überraschung ☺) „Themaverfehlung"!
Da kannst du den tollsten Aufsatz der ganzen Welt geschrieben haben. Das ist, als würdest du Spaghetti Bolognese kochen und ein Kilo Zucker in die Soße rein schütten. Das Ergebnis ist zwar unglaublich süß, aber es ist keine Bolognese mehr…

Lese zuerst das Thema aufmerksam und richtig und überlege dann. Was fällt dir dazu ein? Was gehört auf jeden Fall hinein? Dann entscheide, ob du die einzelnen Punkte, die dir eingefallen sind, ausschließen oder nehmen willst
und dann formuliere es gut.
Achte auch unbedingt auf die vorgegebene Zeitform
(Vergangenheit oder Gegenwart).

Dir fällt nie etwas ein?

Ich erzähl dir mal wieder eine Geschichte.

Glühweintrinken

In mein Lerninstitut kam ein junger Mann (schon 20!), der schrieb nur 3er (auf der Fachoberschule).

Er lernte und lernte und lernte und schrieb nur 3er. In allen Fächern. Und er wusste nicht, wieso. (Manche Schüler würden sich über lauter 3er freuen, aber er war ehrgeizig).

Wir haben ziemlich schnell herausgefunden, dass er einfach keine Lust hatte, mehr als 5 Sekunden über ein Thema nachzudenken. Und das war sein Problem.

Er ging gerne auf den Christkindlmarkt.
Nachdem alle Franken jetzt zusammengezuckt sind:
er ging gern auf den Christkindlesmarkt.
Als ich ihn fragte, wieso, antwortete er: „na ja, zum Glühweintrinken, welche Gründe gibt es sonst?“ (Wie erwähnt, war er auch schon 20 Jahre alt).

Ich gab ihm einige Beispiele aus meiner Erfahrung und wir machten dann gemeinsam eine Stoffsammlung (wie oben beim Hamburger-Beispiel) und kamen doch auf insgesamt 39 – neununddreißig – verschiedene Punkte, warum Leute dort gerne hingehen! (Zum Beispiel wegen der Weihnachtsstimmung)

Eine Stoffsammlung ist – wie vorhin schon erwähnt - nichts anderes, als erst einmal zu sammeln, was in den Aufsatz hineinkommen **könnte.** Und dann sortiert man, was man nimmt und was nicht – und fängt mit den Formulierungen an.

Allmählich ahnte er, was er bisher verkehrt gemacht hatte.

In der nächsten Stunde griffen wir das Thema auf und er sagte, er hätte sich niemals vorstellen können, so lange über etwas nachzudenken.

Ich antwortete ihm, ich persönlich könne ohne Weiteres eine Stoffsammlung über das Thema „warum ist da ein kleines Loch in der Wand" machen – und er glaubte mir nicht. Wir nahmen es als Challenge und kamen gemeinsam auf 45 verschiedene Ideen.

Ab diesem Zeitpunkt fing er an, Einser zu schreiben.
In mehreren Fächern.

Er hatte endlich verstanden, was wichtig ist. Macht es gerne in der Klasse zum Thema…

DENKEN MACHT SCHLAU

Das Gehirn ist wie ein Muskel, der trainiert werden kann.

Oder er hängt schlapp runter.

Deine Lehrer

Dein Lehrer ist ein Depp?
Er hat überhaupt keine Ahnung, blickt selbst nicht durch?

Na ja, vielleicht :-)
(Nein, nur Spaß)

Hier wird niemand beleidigt.

Bedenke bitte mal: wer Lehrer werden will, muss Abitur haben.

Das ist der höchste Bildungsabschluss in Deutschland. Mehr Schule geht nicht.

Da hat er dir schon was voraus... Bis jetzt hast du nämlich noch gar keinen Abschluss. Also kann er nicht wirklich dumm sein. Das bist du ja auch nicht.

Dann muss er *auf Lehram*t studieren, das ist praktisch eine Ausbildung „wie werde ich ein guter Lehrer".

Manche Menschen können besser oder schlechter erklären

und auch besser und schlechter mit Anderen umgehen.

Und vielleicht gibt es auch Lehrer, die für diesen Beruf tatsächlich nicht geeignet sind.
Die sich den Schulalltag ganz anders vorgestellt haben.
Du nickst innerlich und denkst an deinen Lehrer (den „Deppen“)?

In einer Gruppe ist es immer schwer, der Außenseiter zu sein. Und dein Lehrer ist bei euch Außenseiter.
Ihr seid die Schüler, aber er ist der Lehrer.
Er kann sich nicht benehmen wie ihr.
Er ist der Erwachsene, der euch ein Vorbild sein soll.
Manchmal geht das aber schief. Und wir wissen auch, wieso.

Denn: mit manchen Menschen verträgt man sich besser, mit anderen schlechter. Das hängt viel mit Erwartungshaltungen zusammen.

Wenn man von jemandem etwas erwartet und der tut es nicht, kommt es auf die Person an. Bei manchen ist es einem egal, bei anderen ist man beleidigt, verletzt, böse, wütend, enttäuscht oder sonst was. Wenn die Person aber tut, was man möchte, freut man sich oder findet dies gut.

Das gilt für Lehrer genauso wie für Schüler.

(das war wieder ein Absatz, über den du nachdenken kannst)

Du findest deinen Lehrer ungerecht?

Vielleicht findet ER DICH AUCH ungerecht!

Hast du darüber schon mal nachgedacht?

Wir erzählen hier mal eine neue Geschichte.
Damit du dich nicht langweilst, bist DU der Mittelpunkt dieser Geschichte:

Du stehst jetzt schon seit 7 oder 8 Jahren ziemlich früh auf, um Montag bis Freitag zur Schule zu gehen.

Anfangs machte es (vielleicht) noch Spaß, denn du lerntest lesen, schreiben, rechnen, etwas über Dinosaurier und Säugetiere und alles mögliche. Die Mitschüler waren auch lustig und der Tag verging schnell.

In der Grundschule durftest du Worte rot, gelb, grün oder blau unterstreichen, viel malen und irgendwie war alles besser als jetzt.

Irgendwann war es nicht mehr so schön, denn du bekamst schlechte Noten und warst gefrustet. Anfangs hast du dich vielleicht noch bemüht, wieder besser zu werden, aber es gelang dir nicht.

Vielleicht waren deine Eltern auch enttäuscht, dass du den Übertritt auf die Realschule oder das Gymi nicht geschafft hast.

Trotzdem musst du jeden Tag aufstehen und zur Schule gehen.

Total blöd und ätzend.

Und jetzt - stell dir mal einen Lehrer vor.

Während du „erst" seit 7 oder 8 Jahren aufstehst, steht er schon doppelt so lange früh auf, um zur Schule zu gehen!

Er musste 12 oder 13 Jahre echt viel lernen, bis er auf dem Gymnasium sein Abitur bestand, dann nochmals 1-2 Jahre Lehramt studieren und noch dazu 2 schwere Staatsprüfungen ablegen - das kannst du gerne mal googeln (Lehramt).

Es dauert also ungefähr 15 Jahre
bis er ein fertiger Lehrer war
und dann landet er in einer Klasse
wo sich niemand für den Stoff interessiert.
Oder zumindest die meisten Schüler nicht.

Alles erscheint wichtiger: Videospiele, Freunde, Hobbys, abfeiern oder chillen, Netflix, YouTube, Insta, Candy Crush oder andere Sachen im Handy - von *verbotenen* Dingen gar nicht zu sprechen.
Er schaut in leere Gesichter und fragt sich, wieso er all diese vielen Lernjahre auf sich genommen hat.

Er benotet Schulaufgaben und zweifelt an sich, weil der Klassendurchschnitt bei Note 4 liegt.

Wofür steht er morgens eigentlich auf?
Wofür erklärt er den Stoff eigentlich?

Vielleicht ist dein Lehrer noch Referendar (in der Ausbildung), vielleicht arbeitet er aber auch schon 25 Jahre als Lehrer.

Und genauso, wie du frustriert bist, wenn du eine schlechte Note rausbekommst, so ist auch er frustriert, wenn du schlechte Noten schreibst.

Das ist genau, als wenn ein Konditor nachts um drei superschöne und leckere Torten macht und im Laden fallen sie vormittags um 10 Uhr alle in sich zusammen, (weil der Verkäufer im Verkaufsladen die Kühlung nicht angemacht hat!) so dass sie keiner kaufen will. Er hat sich voll reingehängt, dass es toll wird, aber das Ergebnis ist echt schlecht geworden... Verkäufer = Schüler!

- Bei den meisten Schulaufgaben geht es um die Punkte und dafür existiert ein Notenspiegel.

- Wenn du nur 7 von 37 Punkten hast und dafür eine FÜNF kassierst, was ist daran ungerecht?

- Und wenn du im Diktat oder in der Vokabel-Ex 16 Fehler hast, ist es sehr gerecht, eine schlechte Note zu bekommen.
  Lernwörter heißen deshalb Lernwörter, weil man sie lernen soll.

Ein Lehrer muss dir auf alles, was du richtig hinschreibst, Punkte geben.

Wenn du der Meinung bist, er hat dir ein paar Punkte nicht gegeben, weil er dich nicht leiden kann, überprüfe es (frag den Mitschüler, der eine EINS oder ZWEI hatte, was der bei der Frage hingeschrieben hat) und wenn du das selbe hast, gehe zum Lehrer und zeig ihm das.

Etwas anders ist es aber beim Aufsatzthema.
Drei total unzusammenhängende Sätze sind kein Aufsatz.
Vorhin haben wir ja erklärt, wie man im Aufsatz besser wird. Wenn du dich an all diese Punkte hältst, kann der Lehrer daran die Note festsetzen.
Zuerst musst du das Thema verstanden haben. Wenn du dich mit Formulierungen schwer tust, empfehlen wir dir, mehr zu lesen. Am besten in deinem Deutschbuch. Die Geschichten darin sind jeweils altersgemäß geschrieben, gut formuliert und gehören zur Allgemeinbildung. Niemand erwartet von dir, dass du wie ein Bestsellerautor schreiben musst. Aber den Stil eines guten 7. oder 8. Klässlers kannst du damit schaffen.

Je nach Thema ist er vielleicht anderer Meinung als du, wenn du alles aber gut begründest, ist eine gute Aufsatznote drin.

Bist du der Meinung, dass dein Lehrer sich in der Klasse nicht durchsetzen kann oder dass er schlecht erklärt?

Lehrer sind auch nur Menschen.
Die haben auch Gefühle.

Hast du dich schon einmal
unwichtig und nicht anerkannt gefühlt?
Man sieht dich nicht und will dich nicht verstehen?

Oder vielleicht hasst dich sogar jemand
oder verarscht dich ständig.

Das erleben viele Lehrer das ganze Schuljahr lang jeden Tag...

Und je schlechter man sich fühlt
desto weniger gut kann man seine Arbeit machen.

Merkt ein Lehrer, dass sich irgend jemand (DU zum Beispiel) für seinen Unterricht interessiert, macht ihm die Arbeit gleich viel mehr Spaß und die ganze Klasse hat etwas davon.

Er ist motiviert, wenn ihr motiviert seid.

Dann werden die Noten besser und alle freuen sich. Probier es gerne mal aus.

MOTIVATION und ihre Formen

Weißt du eigentlich, dass es 7 Formen von Motivation gibt?

Kennst du überhaupt das Wort?

(Erwachsene gehen oft einfach davon aus, dass sie jeder versteht – wir nicht.)

Motivation ist nichts anders, als sich selbst zu sagen:
ja – ok – ich mache das
und motiviert ist das Adjektiv (Wie-Wort) davon.
Wie bin ich? Motiviert!

Im Gegensatz zu *äh – ich hab keinen Bock*

Ja – ich mache das

ist oft ein super Vorsatz.

Oder NUR Gelaber.

(„Räum dein Zimmer auf" - „ja ja")
Gemacht wird dann aber nichts.

Es gibt freiwillige und unfreiwillige Formen von Motivation.

In Erwachsenenseminaren heißen sie

- ich darf – ich will – ich muss -

Weil du noch nicht erwachsen bist, nennen wir sie einmal anders:

. 1 Die Superkräfte-Motivation

ich mach das echt gerne und es bringt mir was!
(Zum Beispiel lernen und dadurch eine gute Note nach der anderen schreiben und gelobt zu werden)

. 2 Die Katzenklo-Motivation

es bleibt mir nichts anderes über - und gemacht werden muss es doch, sonst ist die Katze wütend oder traurig

(lies den Satz gerne noch einmal und ersetze das Wort Katze durch Mama, Papa, Lehrer) z.B. Hausaufgabe

. 3 Die Letzte-Chance-Motivation

. *wenn ich wieder eine 5 schreibe, habe ich 2 Fünfer im Zeugnis und schaffe die Klasse nicht Also muss ich diesmal unbedingt eine gute Note schreiben. Ich muss. Ich muss Erfolg haben.*

Das ist die Mühsamste!

Diese Art von Motivation bremst die meisten Menschen eher aus und sie werden mutlos und kraftlos. Nur ganz wenige können sich dann aufraffen. Dieses Buch soll Mut geben!

. 4 die Oops-jetzt-pressiert-es-aber-Motivation

Es gibt Menschen, die fahren zur Hochform auf, wenn fast keine Zeit mehr bleibt, machen alles im letzten Moment und haben damit Erfolg und gute Noten.

. 5 die „Euch werde ich es zeigen" - Motivation

- *andere trauen dir etwas nicht zu und das ärgert dich und deswegen machst du es dann erst recht gut!*

Kennst du „Zurück in die Zukunft"? Marty McFly wurde immer dann mutig, wenn er als feige bezeichnet wurde.

Ich (die Autorin) habe auch eine persönliche Geschichte dazu:

Als ich im Abschlussjahr war, hatte ich überhaupt keinen Bock auf Schule. Ich war kurz vorher in Frankreich und lebte von den Erinnerungen und träumte nur von meiner nächsten Reise dorthin. Obwohl ich – außer in Chemie (deshalb wurde ich kein Chemielaborant) – eigentlich gut war, waren meine Gedanken immer woanders.

In Mathe war ich aber immer zwischen 2 und 3, selten besser. Vielleicht in der Ex.

In der 9. Klasse passierten zwei Dinge: unser Mathelehrer stand schon im letzten Jahr vor seiner Pension - war also ziemlich uralt - und er blickte bei X-Gleichungen/Terms überhaupt nicht durch.
Er schrieb sie an die Tafel, rechnete, erklärte, verzweifelte, legte die Kreide weg und erzählte uns Geschichten aus dem 2. Weltkrieg, wo er tatsächlich noch dabei war.
Anfangs fand unsere Klasse das noch witzig und spannend, aber nach kurzer Zeit wurde zumindest mir eines klar:
mit Geschichten aus dem 2. Weltkrieg konnte ich den Mathequali niemals bestehen!
Und wenn es mein Lehrer nicht schafft, den Stoff zu erklären,

muss ich es mir wohl oder übel selbst erarbeiten.

- Ich setzte mich also hin und versuchte mühsam, alleine die Beispiele im Buch nachzuvollziehen… und das ging!
- Dafür sind es ja Beispiele.
- Die gibt es in jedem Mathebuch.
- Diese Beispiele kann man nachrechnen.
- Irgendwann hab ich es verstanden.

Die Note 1 in Mathe in der Qualiprüfung war die einzige Mathe-Eins, die ich in den Hauptschuljahren hatte! Lernen hilft. ☺

Im Fach Deutsch bildete ich mir immer ein, mit Abstand die Klassenbeste zu sein.
Eines Tages hörte ich zufällig ein Gespräch zwischen meinem Klassenlehrer und einem anderen Lehrer (das war im Jahr 1979, also schon ewig her, aber ich höre seine Stimme noch heute in meinem Kopf! **Das Verrückte an uns Menschen ist** nämlich, dass wir uns Ereignisse, die mit starken Gefühlen verbunden sind, unser ganzes Leben merken können. Manchmal ist das wunderschön, manchmal ist es aber auch übelst unangenehm, sich an etwas erinnern zu müssen!)

Sagte der Lehrer doch tatsächlich: „die Einzige, die in Deutsch vielleicht eine Eins schafft ist XY" – **und das war nicht mein Name!**

Ich war geschockt.
Und verletzt.
Und total beleidigt.
(Das bin ich heute noch)

Aber auch bereit, zu beweisen, dass er sich irrt!

#Angeber: natürlich schrieb ich als Einzige der Schule eine Eins und bekam sie auch ins Abschlusszeugnis!

XY schrieb nur eine 3 (ha ha ☺) und hat den Quali aber auch geschafft, nur viel schlechter als ich – ha ha ☺☺

Damals habe ich das erste Mal gemerkt, dass ich richtig Ehrgeiz entwickeln kann, wenn mir etwas nicht zugetraut wird.
Vorher war ich einfach der Meinung, dass ich gut bin.
Ohne viel dafür zu tun.
Das funktioniert nur eine zeitlang.
Um gut zu bleiben, muss man aber ständig etwas tun – wie beim Training.

. 6 Die laute Motivation - die ist sehr gefährlich!

Hier gibt es gleich zwei verschiedene Auswirkungen.

1. Es soll ja Leute geben, die sich unglaublich gerne anschreien lassen und dann tatsächlich tun, was von ihnen verlangt wird.

2. Andere machen das Geforderte erst recht nicht, wenn sie nicht freundlich behandelt werden.

Mehr dazu konntest du ja weiter vorne unter der Überschrift KOMMUNIKATION dazu lesen. Denn wer ständig angeschrien wird, schreit später leider oft andere an.

Wenn du Leidtragender bist, kannst du etwas ändern.
Wenn du selbst gerne schreist, ändere es bitte auch.

Sehr vielen Menschen tut es weh wie Schläge, wenn sie jemand anschreit.
Die haben dann gar keine Kraft mehr, etwas zu tun und ziehen sich mutlos zurück. Das ist bei mir auch so.

Das nennt man sensibel.

Sensibel zu sein ist nichts Schlechtes

– falls dir das vorgeworfen wird – manche Leute glauben das nämlich!

Es gibt da ja Sprüche wie:
nur die Harten komm´ in Garten oder *Ein Indianer kennt keinen Schmerz* oder *heul doch.*

Dabei ist es so wichtig, dass Menschen verschieden sind und dann die verschiedenen Berufe ausüben können.

Denk mal an einen Metzger, Fleischhauer (wie es in Österreich heißt). Wer jeden Tag ganz viele Tiere töten muss, damit der Dönerspieß sich dreht oder dass wir ein Schnitzel auf dem Teller haben (Fleischhauer ist da echt ehrlicher), darf im Beruf nicht sensibel sein. SEK-Polizisten oder Henker (nur Spaß) oder Gerichtsmediziner auch nicht. Wären sie sensibel, würde sie das innerlich kaputt machen.

Wenn du überlegst, Krankenschwester/Krankenpfleger oder Altenpfleger im Seniorenheim zu werden, ist dieses Kapitel super wichtig für dich. Denn sensible Leute leiden so sehr mit den Schwachen mit, dass sie mit der Zeit selbst krank werden. Sie halten es auf die Dauer nicht aus, andere leiden zu sehen. In diesen Berufen muss man alles Schlimme am Ende des Tages vergessen können, wenn man heim zu seiner Familie geht. Wir Menschen brauchen Abstand vom Alltag durch Erholung und angenehmen Freizeitausgleich, sowie einen guten Schlaf, um seelisch gesund zu bleiben.

Wenn du dich angesprochen fühlst, weil du sensibel bist, können wir dir nur den Tipp geben, eine andere Berufswahl einzugehen! Schau dich bitte nach einem Beruf um, der dir Kraft gibt und nicht nimmt. Das ist so wichtig!

Gerne kannst du dich dann am Wochenende stundenweise um alte oder kranke Menschen kümmern, aber mach es bitte nicht zum Beruf.

Menschen, die Tiere betreuen oder Personen, die andere Menschen auf irgendeine Weise beraten, sollten schon sensibel sein. Künstler wie Maler, Schauspieler, Bildhauer, Kunstschmiede sind meist auch sensibel.

Selbstverständlich gibt es auch Berufe wie in der Fabrik, im Handwerk, im der Werkstatt, im Geschäft oder in einem Büro, wo es relativ egal ist, ob man sensibel ist oder nicht (außer, der Chef schreit ständig rum oder die Kollegen sind unfair).

Es gibt Menschen - aber wenige - die können das gut trennen und sind privat sensibel und nett, aber im Beruf cool und hart.

Was denkst du? Soll ein Lehrer sensibel sein oder eher nicht?

. 7 Die "Für dich mach ich das doch gerne" – Motivation

Vielleicht findest du einen Lehrer oder eine Lehrerin besonders nett und strengst dich deshalb an, einen guten Eindruck zu hinterlassen.

Das ist gut und okay.

Weniger gut ist

- wenn du für einen Mitschüler Hausaufgaben machst oder die Hausaufgaben abschreiben lässt, weil du die Person nett findest.

Wie soll die Person denn den Stoff kapieren, wenn sie nicht selbst drüber nachdenkt?

Manchmal gibt es ja Deals wie: ich mach für dich Mathe, du machst für mich Englisch.

Wenn du wirklich in einem Fach so gut bist, dann freue dich gerne darüber und nutze die Zeit, in anderen Fächern auch besser zu werden. Du wirst gleich schlecht bleiben oder noch schlechter werden, wenn du dich nicht damit befasst. Und für deinen Spezl/Bro/Kumpel/deine Freundin gilt das auch.

Also: jeder macht bitte seine Aufgaben allein. Ihr könnt ja die Ergebnisse vergleichen oder sie zusammen erarbeiten.

So - das waren jetzt alle Arten von Motivation, die uns eingefallen sind.

Wie ist das bei dir?
Welche Motivation funktioniert bei dir?
Je besser du dich kennenlernst
je mehr du verstehst
wie und warum du so bist, wie du bist
desto mehr wirst du erreichen.

URSACHE UND WIRKUNG

Kausalzusammenhang

Wenn du im Unterricht aufpasst und nachlernst, schreibst du gute Noten. Wenn nicht, dann nicht.

Wenn du bisher dachtest, die anderen sind Schuld an deinen schlechten Noten, kannst du das ab heute knicken.

Selbst, wenn du dich schlecht oder gar nicht konzentrieren kannst, weil daheim immer Lärm von Geschwistern oder Streit ist, dann konzentriere dich woanders.

Zum Beispiel in der Schulbücherei. Oder auf einer Parkbank.

In der Drogerie gibt es auch Ohrenstöpsel für 3 €.

Lernen mit Musik

Laute Musik beim Lernen finden viele Schüler toll. Am Besten noch mit Kopfhörern. Wenn du das auch machst und eine Eins nach der anderen schreibst, bleib dabei.

Bist du damit schlechter als 3 („befriedigend"), dann denk mal darüber nach, ob es nicht besser ist, es zum Vergleich mal ohne Musik zu versuchen.

Wie erwähnt, das nennt man „Kausalzusammenhang".

Du machst etwas (Ursache) und bekommst ein Ergebnis (Wirkung). Dein Gehirn ist mit der Musik beschäftigt, die meist lauter ist, als deine Gedanken - und es kann sich dann nichts richtig merken.

- **Wenn du das „Gelernte" in der Schulaufgabe wissen sollst, und dich dort nicht mehr erinnerst, bedeutet das: du hast nix . gar nix . niente gelernt.**

Entweder hast du dich dann voll selbst betrogen, weil du wirklich dachtest, du lernst

– oder dir war schon vorher klar, dass du eigentlich nur so tust, als würdest du lernen, damit deine Eltern keinen Stress machen.

Was bringt das? Und wem?

Was du noch wissen solltest:

Ist das Ergebnis gut, dann hast du das Richtige gemacht. Ist es schlecht, solltest du dir unbedingt einen Plan B überlegen und es anders versuchen. Wenn das nicht funktionieren sollte, dann muss ein Plan C her.

Die meisten Sachen kann man nicht gleich
nach dem 1. Versuch.

Wenn man dann aber gleich alles hinschmeißt
und es kein zweites Mal probieren will,
wird es auch nix werden.

Das gilt für alles im Leben.

Es gibt sogar ein Wort dafür: üben

Max und Moritz

Als ich noch zur Schule ging, hatte ich zwei ganz besondere Klassenkameraden. Beide recht schlau, aber die Chaoten vor dem Herrn!
Sie hatten eigentlich nie Schulzeug dabei und schauten meist bei mir mit ins Buch und liehen sich ständig von mir Papier und Stifte (die ich dann für immer vergessen konnte).
Weil sie aber nett zu mir waren und niemals gemein, war das kein Problem für mich.

Ob sie eigentlich jemals Hausaufgaben gemacht haben, weiß ich heute nicht mehr, (wenn, dann haben sie auf dem Weg zur Schule ohnehin das Heft verloren), aber die Noten waren gar nicht so schlecht, weil sie nämlich im Unterricht aufpassten – und vielleicht sogar „heimlich" daheim lernten.
In der Klasse gaben sie sich eher als die Kasperl, haben viel Blödsinn erzählt und gemacht, mich zum Lachen gebracht und auch gerne XY geärgert, was ich gut fand, aber sie waren auch recht intelligent. Den Abschluss haben sie beide geschafft. Natürlich nicht mit 1,0 – das war aber egal. Hauptsache mit 3,0 geschafft - Zukunft gesichert!

Streber – nein danke?

Niemand will ein Streber sein. Streber sind meist unbeliebt. Allerdings ist es eigentlich nichts Negatives/Schlechtes. Bloß sehen es die meisten Schüler so. Es bedeutet eigentlich aber, dass man für sich selbst erkannt hat, dass es besser ist, gute Noten, statt schlechte Noten zu haben. Dass man selbst besser werden will – und dann anfängt, regelmäßig zu lernen.

Das ist ja wohl eher eine gute Idee, oder?

Mein Hauptziel war immer, gut zu sein, kein Streber. Ich war wissbegierig (ich wollte viel wissen, jeden Tag ein wenig mehr).

Meine Eltern sahen mich auch nie lernen. Denn ich hatte keine Lust auf Druck und wollte mein Ding allein machen
Wenn ich von der Schule kam, waren sie arbeiten. Ich aß kurz etwas, setzte mich hin und ging alle Einträge nochmal durch und machte die Hausaufgaben. Das reichte. Wenn ich eine Ex (Kurzarbeit) erwartete, überlegte ich mir, was gefragt werden könnte und merkte mir das. Stand eine Schulaufgabe auf dem Plan, lernte ich den kompletten Stoff. Wenn meine Eltern heim kamen, war ich fertig und gut auf die nächsten Unterrichtsstunden vorbereitet. In der Schule passte ich einfach gut auf und dachte mit. Gemeldet habe ich mich ganz selten. Eher nie. Ich war viel zu schüchtern. Aber ich hatte immer voll den Überblick. In der Klasse wussten alle, dass ich gut war. Ich bekam fast immer Zweier, manchmal Dreier und manchmal Einser. Für einen Streber hielt mich aber niemand. Den Quali hab ich mit 1,5 gemacht.

Manche Schüler bemühen sich echt, zu lernen, aber unter Druck oder Zeitdruck fällt ihnen nicht mal mehr ihr Name ein. Wenn du dazugehörst, versuche wie ich, den Druck rauszunehmen.

Und wieder andere haben eine erfolgreiche, aber zeitaufwendige Strategie.

Je besser du dich selber einschätzen lernst und erkennst, was bei dir funktioniert und was nicht, desto einfacher ist das dann zu ändern.

Wenn du da echt mit Druck oder Blackouts Probleme hast - es gibt massenweise gute Bücher für gute Lernstrategien (wie lerne ich so, dass es auch in meinem Hirn hängen bleibt) und mit Tipps gegen Prüfungsängste. Es werden auch verschiedene Lerntypen erklärt. Weil es so viele Bücher und Ansätze sind, wollen wir keins empfehlen, denn wir kennen dich ja nicht. Es muss dir etwas bringen. In jeder Buchhandlung gibt es eine Abteilung *Lernen*. Schau doch einfach mal vorbei. Oder google es.
Diese Bücher kosten nicht so wahnsinnig viel. Frag doch deine Mutter, ob sie dir eins kauft. Oder vielleicht hast du auch einen Büchereiausweis. In Büchereien gibt es auch Abteilungen mit solchen Büchern. Frage gerne die Mitarbeiter dort oder gehe der Beschilderung nach, wenn du keinen fragen willst.

Nachhilfe ist keine Bestrafung

Wenn dir deine Eltern Nachhilfe oder gar Lerntherapiestunden spendieren, greif bitte zu!

Das ist keine Bestrafung!
Toll, dass deine Eltern sich kümmern!
Denen liegt was an dir!

Vielleicht finden sie nicht die richtigen Worte.
Sätze wie: "du siehst jetzt, was du davon hast, weil du alleine so faul bist" kommen nicht gut und machen keine Lust zu lernen.

Aber eigentlich meinen sie damit, dass
sie sich Sorgen machen.
Denn wenn du ihnen egal wärst, wäre ihnen
auch dein Abschluss egal.

Professionelle Nachhilfelehrer können dir den Stoff ausführlicher, so dass du es verstehst, erklären und Übungen mit dir machen.
Lerntherapeuten helfen dir eher dabei, dich kennenzulernen und einen guten Plan für alle Fächer und dein Leben zu entwerfen. Lerntherapie macht man meist alleine.

In der Nachhilfe treffen sich oft mehrere Schüler, die ungefähr die gleichen Lücken haben und besser werden wollen.

Ist das so dämlich?

Brennpunktschulen

Haupt- und Mittelschulen sind oft sogenannte „Brennpunktschulen“.

Wenn du auf eine Brennpunktschule gehst, weißt du, was wir meinen, wenn nicht, ist das kurz die Erklärung dazu:

- Brennpunktschulen sind Schulen, wo es kracht und brodelt. Es liegt immer ein bisschen Gefahr in der Luft.

- Das kommt daher, dass die Schüler so verschieden sind.

Auf manchen Schulen gibt es so viele Nationalitäten und man versteht vielleicht nicht, was sie sagen. Auch, wenn sie danach lachen, ist man verunsichert. Manchmal gründen sie Gangs und bekämpfen sich und andere. Oder sie gehen sich zumindest aus dem Weg.

- Dabei sind es trotzdem alles Schüler.

- Und die sind auf der Schule, weil sie müssen. Wie du.

- Weil es Schulpflicht gibt.

- Und weil auch sie ihre Chancen nutzen wollen, einen guten Abschluss zu machen.

Manche dieser Schüler haben vielleicht genau wie du zuhause ein schweres Leben, weil kein Geld da ist oder weil sich die Erwachsenen nicht richtig um sie kümmern. Oder es gibt immer nur Streit.

Wenn man zuhause unterdrückt wird, möchte man vielleicht in der Schule ein Leader sein…

Es gibt auch Schüler auf den Mittelschulen, denen es zuhause gut geht. Sie wollen einfach nur in Ruhe gelassen werden und in ihrer eigenen Geschwindigkeit weiterkommen.

Wer geht eigentlich zur Mittelschule? Ist das Zufall?

Natürlich weißt du die Antwort, manchmal macht es aber Sinn, mal länger über Dinge nachzudenken. Mittlerweile hast du sicher gemerkt, dass wir auf Nachdenken stehen ☺

Unser bayerisches Schulsystem ist so aufgebaut:
4 Jahre Grundschule, dann Möglichkeit zum Übergang auf das Gymnasium
nach der 5. oder 6. Klasse Möglichkeit zum Übergang auf die Realschule.

Wer nicht übertritt, bleibt.

Warum jemand auf der Hauptschule/Mittelschule bleibt, kann alle möglichen Gründe haben:

Wenn wir *er* schreiben, meinen wir natürlich auch immer *sie*

- ✔ es war von vornherein klar, dass er Schreiner oder Maurer wird (weil die Eltern zum Beispiel eine Firma haben) und macht nach der Schule die Ausbildung, dann die Gesellenjahre und dann die Meisterschule und übernimmt später den Betrieb.

- ✔ er ist total schüchtern (das war bei mir so: ich habe damals in einem kleinen Dorf gelebt, wo ich zum Besuch einer weiterführenden Schule täglich 30 Minuten einfache Strecke mit dem Schulbus hätte fahren müssen. Ich habe meine Eltern angefleht, nicht auf eine höhere Schule gehen zu müssen, weil ich solche Angst hatte, mit „wilden Kindern“ im Bus zu sein!)

- ✔ er hat den Notendurchschnitt für den Übertritt nicht geschafft, weil die Entwicklung eines jeden Menschen anders ist. Manche Kinder nehmen die Grundschule schon total ernst, andere wollen viel lieber spielen statt lernen.

- ✔ er kommt aus einer zerrütteten Familie. Vielleicht

streiten sich die Eltern ständig oder sie leben nicht zusammen, ein Elternteil weint vielleicht oft und der Schüler kann sich zuhause und in der Schule überhaupt nicht konzentrieren und hat deshalb den Übertritt nicht geschafft.

- ✔ er kommt aus einer Familie, wo Bildung nicht besonders anerkannt ist. Oft sprechen Erwachsene, die selbst keinen Schulabschluss haben, abfällig von den „Gstudierten" oder den „Oberschlauen" und distanzieren sich verbal (das heißt: mit Worten) davon. Sie möchten damit den Eindruck erwecken, dass es viel besser ist, keinen Schulabschluss zu haben und alles andere unnatürlich und größenwahnsinnig ist.

- ✔ er hat Sprachprobleme, weil er erst kurz im Land ist. Wenn man die Sprache nicht versteht, ist es auf dem Gymnasium mühsam. Da kann man noch so schlau sein.

- ✔ Sprachprobleme der Eltern/ Migrationshintergrund. Auch im 21. Jahrhundert können manche Eltern – nette Väter und Mütter - ihren Kindern nicht bei den Hausaufgaben helfen, weil sie die deutsche Sprache nicht oder nicht gut beherrschen. Dann schafft das Kind vielleicht den Übertritt nicht. Natürlich kann man Schulstoff auch in einer fremden Sprache erklären, dazu ist es aber nötig, selbst die Aufgaben zu verstehen. Und daran scheitert es leider, in Mathe spätestens bei den Textaufgaben.

- ✔ er war bisher auf der Förderschule und dort so gut, dass er nun wieder in die Mittelschule in eine Integrationsklasse kommt, um die Chance auf einen Abschluss zu bekommen.
  Falls ihr so einen Schüler in der Klasse habt, der von euch gedisst wird, weil er so *blöde* ist, dann fange **bitte** an, mal umzudenken!
  Er hat es nämlich geschafft, von einer einfacheren Schulart auf eine höhere Schulart (eure) zu kommen!

- ✔ oder der Schüler kommt von Realschule oder Gymnasium zurück, weil dort die Noten *mangelhaft* waren. Dadurch steigt seine Chance, nicht den mittleren oder höheren, aber wenigstens den Qualifizierenden Abschluss zu schaffen. (Auch der hat es nicht verdient, dass er gedisst wird)

Ja, wie gesagt, es gibt viele Gründe.

Wir denken:

Sich gegenseitig zu bekämpfen, zu dissen oder zu verarschen, bringt keinem was.

Mach dein Ding.

Lass andere ihr Ding machen.

Wenn du wissen willst, wofür die Schulfächer sind, erfährst du das im Teil 2.

Teil 2

Die Schulfächer

Wofür sind all die Schulfächer gut und wieso muss ich den ganzen Schrott lernen?

Hast du dich das schon manchmal gefragt?

Dann bist du nicht alleine.

Tatsächlich ist alles, was ihr lernt, für die Weiterentwicklung Einzelner wichtig.

Vielleicht ist ein Thema für dich furchtbar langweilig, zum Beispiel Chemie. Dann kannst du später klar sagen:

auf eine ausgeschriebene Stelle als Chemielaborant bewerbe ich mich sicher nicht, das finde ich furchtbar.

Vielleicht findet aber dein Banknachbar oder jemand anders aus der Klasse Moleküle und chemische Verbindungen super spannend und beschäftigt sich später beruflich damit.

Und dir passiert das dann in einem anderen Fach. Plötzlich denkst du, *ach das ist ja cool!*

In einer Schulklasse sind Personen mit allen möglichen Interessen und verborgenen oder bereits sichtbaren Talenten vereint und es gibt sehr viele verschiedene Berufe. Wenn ihr dann aus der Schule kommt, werden viele von euch in völlig andere Berufsrichtungen gehen.

Auch Hobbys werden durch manche Schulfächer angeregt.

Wer leicht auswendig lernen kann, spielt später vielleicht in einer Theatergruppe mit, wo er viel Text lernen muss und für eine gute Leistung Applaus bekommt.

Wer sich für Geschichte interessiert, geht vielleicht in eine Mittelaltergruppe und spielt Schlachten nach.

Wer sich für Hauswirtschaft interessiert, wird später oft und gerne kochen oder backen.

Außerdem lernt man in Hauswirtschaft auch Vorratshaltung und Planung. Das kann in anderen Situationen dann umgewandelt auch nutzen. Zum Beispiel, wenn man zelten fährt. Oder für eine Party einkauft.

Wir schauen uns die Fächer weiter hinten genauer an.

Lernen - nein danke -
und dann kam Corona

Themen wie Corona und der Klimawandel beschäftigen heute die Welt.

Kein normaler Mensch wäre jemals auf die Idee gekommen, dass uns so ein kleiner blöder Virus so lange Zeit einschränkt und unsere ganze Welt so massiv verändert.

Plötzlich war es komisch, nicht mehr zur Schule zu dürfen.

Und dir selbst alles beizubringen, was du wissen musst, war wohl gar nicht so einfach.

Wieso sollst du das unnütze Zeug überhaupt lernen?

Und gibt es überhaupt eine Zukunft? Da können wir dich zumindest beruhigen. Es gab immer wieder Probleme auf dem Planeten. Die Menschen schaffen es trotzdem IMMER irgendwie, dass es auch weitergeht. Seit einer Million Jahren!

Denn Menschen gibt es schon echt lange.

Vom Jahr 1 unserer modernen Zeitrechnung bis zum Jahr 1850 war das Leben anders. Das lernst du in den Fächern Religion oder Ethik und in PCB und GSE – und Deutsch. Denn was für einen Menschen aus dem 21. Jahrhundert total normal ist, gab es vor 100 oder 200 Jahren noch gar nicht. Manches gab es nicht mal vor 5 Jahren.

Leute ohne Bildung und ohne Freizeit (weil sie teilweise 12 Stunden täglich schwer arbeiten mussten und samstags auch) hatten einfach keine Ideen oder keine Kraft mehr, etwas zu erfinden. Oder kein Geld. Sie fielen abends todmüde ins Bett und am nächsten Tag ging das Übel weiter.

Erst seit knapp 150 Jahren gibt es elektrischen Strom und Autos und Telefone.

Flugzeuge wurden noch später erfunden.

Und Fernseher, Handys und Spielkonsolen sind total neu.

Manche Erwachsene sagen dazu:

- die Menschheit ist ein Fliegenschiss im Universum!

Damit meinen sie, dass es im Verhältnis zum Alter unseres Planeten erst total kurz Menschen darauf gibt. Kein Wunder, dass wir ewig brauchten, um ein Smartphone/iPhone zu erfinden ☺

- Hätte es zur Steinzeit schon GPS und WhatsApp-Gruppen gegeben, wäre die Organisation der Jagd leichter gewesen ☺

- Oder sie hätten gar nichts gefangen, weil sie die ganze Zeit nur deppert auf ihr Display geschaut hätten und der saftige Hirsch oder das Mammut nach 30 Minuten Wartezeit gefrustet wieder gegangen waren.
  ☺ Das war ein Insider für Lehrer und Eltern

Von der Steinzeit bis zu unserer Zivilisation dauerten Erneuerungen sehr lange.

Irgendwann erfand jemand das Rad (nicht das Fahrrad, sondern das runde Ding mit dem Loch in der Mitte, wo man eine Achse reinstecken kann) und heute sind Räder nicht nur an Autos, sondern überall! An Fahrzeugen jeder Art, aber auch an vielen Maschinen (als Zahnräder, Rollen etc.). Wenn etwas erfunden war, konnte es weiterentwickelt werden.

Superwichtig: Erfindungen machen kann jeder!

- Viele Gegenstände und Maschinen wurden von Handwerkern, Landwirten, Industriearbeitern, Hausfrauen, Bastlern, täglichen Benutzern erfunden oder weiterentwickelt, die sich über etwas ärgerten und eine einfachere, bessere, leichtere oder auch günstigere Lösung suchten.

Die Menschen konnten auch ewig lange Zeit gar nicht daran glauben, dass es jemals gelingen wird, zu fliegen und dann auch noch länger als 10 Minuten in der Luft zu bleiben.

Kennst du die „Zurück in die Zukunft“ – Filme?
Im Teil I siehst du schön, wie das Leben 1955 in den USA war und was es noch nicht gab. Die Eisdielen, Autos, Wohnungen, Häuser sahen damals auch wirklich so aus.

Und im Teil III, (der ja im wilden Westen im Jahr 1885 spielt) erfährst du auch wieder Dinge, wie sie früher waren. Zum Beispiel fuhr die Eisenbahn früher mit Kohle und Dampfantrieb. Autos gab es noch keine. Dafür dreckiges Trinkwasser, keine Cola und keinen Strom.
Freundliche und fiese Menschen gab es immer. Zeitmaschinen aber eher nicht. Glauben wir.

Zurück in die Zukunft Teil II – spielt im Jahr **2015**, also in unserer direkten Vergangenheit. Die Menschen haben sich im Jahre 1989, als der Film gedreht wurde, vorgestellt, dass es 2015 nur noch fliegende Autos gibt und keine Straßen. **Heute** ist der Klimawandel das wichtiges Thema und die Welt versucht es mit E-Autos, die der Umwelt weniger schaden. Vielleicht gibt es in ein paar Jahren wieder eine neue Idee und vielleicht fliegen die Autos wirklich irgendwann.

Du siehst ja, wie schnell der Fortschritt funktioniert, wenn Menschen ihr erworbenes Wissen nicht nur einsetzen, sondern selbst weiterdenken.

Und auch dafür schreiben wir dieses Buch.

Die Schulfächer

Einmal davon abgesehen, dass manche Leute komplexe Rechenaufgaben *mit links* (das bedeutet: ohne sichtbare Anstrengung) machen und andere keinen Schimmer davon haben, gibt es nur geringfügige Unterscheidungen beim Lernen der Fächer:

Entweder du musst es
oft üben
oder du musst dir bestimmte Begriffe
oder Formeln
gut einprägen.
Manchmal auch beides gleichzeitig.

Einträge, über die du Schulaufgaben oder Exen schreiben musst, erscheinen dir sicher ab und zu vollkommen sinnlos.

#Was muss ich für einen Blödsinn lernen, braucht doch kein Mensch!

Wir wollen versuchen, dir dies in diesem Teil 2 so zu erklären, dass es dir sprichwörtlich *wie Schuppen von den Augen falle*n wird.
Damit sind wir gleich bei Deutsch!

. Deutsch

Wahrscheinlich hast du den Begriff „mir ist es wie Schuppen von den Augen gefallen“ noch nie gehört und kannst dir vielleicht gar nicht denken, was damit gemeint ist.
Jede Sprache verändert sich ständig. Früher haben die Leute ganz anders gesprochen und geschrieben. Auch wir sprechen anders als du – oder ein anderer, der dieses Buch gerade auch liest.

In deinem Deutschbuch steht sicher das ein oder andere Wort, von dem du keine Ahnung hast, was es bedeutet.

DAS IST GEIL

Vor 40 Jahren hättest du von deinen Eltern eine Ohrfeige bekommen, wenn du das Wort *geil* gesagt hättest. Das war zeitweise das schlimmste Wort überhaupt. (Vor 40 Jahren durften Eltern – von rechtlicher Seite her - ihre Kinder auch noch schlagen. Krasserweise ist das erst seit dem Jahr 2000 verboten. Da war es aber schon den meisten Eltern klar, dass sie das nicht mehr machen sollten).
Heute sagen viele, auch Erwachsene, andauernd *geil* - und es ist ja auch eher positiv gemeint - keiner denkt sich was.

Der Ausspruch: *mir ist es wie Schuppen von den Augen gefallen* – manche sagen auch: *mir ist es wie Schuppen aus den Haaren gefallen* – heißt: „ach jetzt hab ich es kapiert!“ oder „Ah, endlich habe ich es gerafft“ oder “voll gecheckt” - bis dieses Buch fertig ist, gibt es dafür vielleicht schon wieder einen neuen Ausdruck. Die Erwachsenen haben alle möglichen Sprüche wie diese. Vielleicht kennst du von deiner Oma Sachen wie:
...da beißt die Maus keinen Faden ab oder *...ich glaub, mein Hamster bohnert* oder *...mein Schwein pfeift.*
Vielleicht hast du auch schon mal gesagt: “Mama, so redet heute keiner mehr! Peinlich!”
Jede Generation hatte ihre besonderen Worte oder Sprüche. Wer sie versteht, ist klar im Vorteil.

Aber: wenn du ein Aufsatzthema bekommst oder sogar eine Erörterung schreiben sollst, gehören Wörter wie krass, geil, korrekt, scheiße auf jeden Fall da **nicht** hinein. Diese Wörter und Ausdrücke nennt man *Umgangssprache*! Man redet so im Umgang mit Kumpels oder daheim. (Oder wenn das Thema *Jugendsprache* ist.) Und bereits bei Fremden drückt man sich besser aus. Oder, wenn Besuch kommt, bei dem du einen guten Eindruck machen möchtest. Der schriftliche Stil ist auf jeden Fall ein bisschen feiner. Im Fach Deutsch lernst du nicht nur Dinge wie Groß-/Kleinschreibung und Grammatik, sondern auch schriftlichen Ausdruck. Vielleicht liest du selber freiwillig kein Buch. Niemals. (Außer dem hier natürlich.) Aber du hast sicher schon etwas von der

Buchreihe über Harry Potter gehört. Die war nur so erfolgreich, weil die Autorin richtig gut formulieren konnte. Sie hat das so wunderbar geschildert, dass man sich das alles total gut im Kopf vorstellen konnte. Und deshalb sind die Bücher sogar verfilmt worden. Aus Phantasievorstellungen wurde erst ein Text, dann ein Drehbuch und am Ende ein Film, den Millionen Menschen gesehen haben. Cool, oder?

Es gibt unglaublich viele Menschen, die ihr Geld damit verdienen, Artikel für Blogs, Zeitungen, Social Media-Seiten zu schreiben. Oder Krimis, Jugendbücher, Science Fiction, Liebesromane, Gedichte, Sachbücher, Tierbücher, Beautyzeitschriften, Ratgeber und vieles mehr.

Das Fach Deutsch ist auch dafür da, dass man lernt, sich in der Sprache des Landes, in dem man lebt, schriftlich und mündlich auszudrücken. So, dass man verstanden und ernst genommen wird.
Und dass man, wenn man sich dafür besonders interessiert, einen Beruf wählt, in dem man zum Beispiel Geschäftsbriefe, Anfragen, Bestellungen oder Blogs schreiben darf. Oder Anleitungen - für den Angler, Strickfan oder Koch. Oder ein Fachbuch für Schüler und Lehrer.

• Deutsch als Fremdsprache

Du bist aus einem anderen Land hier her gezogen?
Auch da gilt das selbe: Das Fach Deutsch als Fremdsprache ist dafür da, dass du lernst, dich in der Sprache des Landes, in dem du nun als Schüler und später wohl auch als Erwachsener lebst, schriftlich und mündlich auszudrücken.

Die Formulierungen müssen nicht perfekt sein, aber jeder sollte verstehen, was du zu sagen hast, damit keine Missverständnisse aufkommen. Wenn du dich dafür besonders interessierst, wähle einen Beruf, in dem du das einsetzen kannst. Viele Betriebe, zum Beispiel Speditionen, suchen Mitarbeiter, die bestimmte Sprachen sprechen.

Deutsch, Mathematik und Englisch sind Hauptfächer für den Quali. Im 3. Teil erfährst du, wieso Englisch so wichtig ist.

Ob du den Quali noch in Sport oder Religion oder GSE machen möchtest, hängt von deinen eigenen Interessen und Stärken ab.

. Religion/Ethik

Religion steht in den Zeugnissen in Bayern an erster Stelle!

Scheint wichtig zu sein. Wieso eigentlich?

Es gab zu allen Zeiten Menschen, die unter Fernweh litten und in andere Länder gingen, um dort zu leben – oder die vor irgendwem fliehen mussten oder es gab in ihrem Heimatland

zu wenig Nahrung. Oder zu wenig Arbeit. So sahen sie keine Zukunft für sich in ihrer Heimat und gingen weg.
Deshalb leben überall auf der ganzen Welt Angehörige verschiedener Religionen nebeneinander. Zusammen mit Menschen, die gar nicht religiös sind. Dies führte und führt noch immer zu Anfeindungen und Kriegen.

Wie wir in Teil 1 ja schon geschrieben haben, wollen viele Menschen anderen Menschen lauthals ihre Meinung aufzwingen. Sie erkennen einfach nicht an, dass jemand nach anderen Regeln lebt und andere Sachen gut findet.

Darum lernst du in der Schule einiges über verschiedene Religionen und ihre Bräuche. Und wenn du dich in der Klasse umsiehst, hat vielleicht dein bester Bro eine anderen Glauben und trotzdem versteht ihr euch gut. Und mit einem anderen, der deine Religion hat, kommst du nicht gut aus. Kann passieren. Dafür gibt es ein Zauberwort: Toleranz. Das bedeutet: ich erkenne an, dass nicht jeder so denkt, wie ich denke.

- Mit all den Informationen aus Religion oder Ethikunterricht kannst du für dich entscheiden: wie will ICH sein? Woran will ICH glauben?

- Will ich ein guter Mensch sein?
- Was kann ICH dafür tun und was ist falsch?

Das finden wir sehr wichtig.

• Mathematik

Mathe hat sehr viel mit logischen Gedankengängen, räumlicher Wahrnehmung und Planung zu tun. Und mit Zeit und Geld. Das wirst du später noch besser verstehen.

Wenn du einen Term löst, ist es wichtig, Regeln zu befolgen (zum Beispiel Punkt vor Strich). Unser ganzes Leben gibt bestimmte Regeln vor, die oft vielleicht ungerecht und manchmal seltsam sind und dir voll unlogisch erscheinen.

Eine Gesellschaft, eine Familie braucht aber Regeln, an die sich alle halten. Sonst fällt sie auseinander.

Formeln sind auch Regeln.

Außerdem läßt sich alles in Zahlen ausdrücken – sogar zu Themen wie Sport oder Musik – nämlich in einem Koordinatensystem.

Wenn du später selber Geld verdienst, wirst du froh sein, gut rechnen zu können. Denn sich sein Geld einteilen zu können, das System der Zinsen zu verstehen, einen Hausbau zu kalkulieren oder ein Leasing-Auto, brauchst du später.

Erwachsene finden es auch überhaupt komisch, wenn andere nicht Kopfrechnen können.

. Englisch

Das Fach Englisch ist oft ein Hass-Fach. Es gibt so viel zu merken und man kann es schlecht anwenden. Doch das kommt!

Dazu erzählen wir dir wieder eine Geschichte:

Englisch ist nach Spanisch die zweite Weltsprache! Das bedeutet: in großen Teilen der Welt sprechen Menschen neben ihrer eigenen Sprache spanisch und lernen das in der Schule (vor allem in Südamerika).

In den USA, Großbritannien, Australien, Neuseeland, Teilen von Afrika sprechen Menschen englisch und weil wir wirtschaftlich mit allen Ländern verbunden sind, lernen auch die Kinder in China, Holland, Deutschland, Österreich, Italien und viele mehr deshalb englisch in der Schule. Viele internationale Firmen haben die Geschäftsverhandlungen in englisch. Da kann es vorkommen, dass eine deutsche und eine chinesische Firma beispielsweise einen Videocall auf englisch führen.

Durch den Englischunterricht erfährst du auch etwas über das Land und die Kinder und Jugendlichen dort.

Für die meisten Menschen gehört zu einen guten Leben auch mindestens einmal im Jahr Urlaub im Ausland. Da, wo es einfach anders ist, als zuhause. Wenn sie schon das ganze Jahr arbeiten, träumen sie vielleicht vom Meer. Auf den Griechischen Inseln sprechen die meisten Leute neben griechisch auch englisch. Auf Mallorca, in Österreich und Holland trifft man sehr viele internationale Touristen. Stell dir vor, du fährst dort hin, lernst ein nettes Mädchen oder einen netten Jungen kennen, die mit dir zusammen abhängen wollen und kannst dich nicht mit ihnen unterhalten. Das ist nicht nur peinlich, sondern echt schade. Seestern Patrick ☺

Und auch, wenn deine Eltern kein Geld oder keine Lust haben, einen Familienurlaub zu machen, so wirst du in ein paar Jahren, wenn du dein eigenes Geld verdienst, vielleicht den Wunsch haben, mit Freunden oder alleine zu verreisen und dir die Welt anzuschauen. Einen Roadtrip in die USA, einen Tauchkurs in Australien, Stonehenge in England sehen, Surfen auf Hawaii, Lachsfischen in Kanada...

Was denkst du, wie viele Erwachsene sich ärgern, dass sie nicht englisch können?

Vielleicht hast du selbst einen Migrationshintergrund und sprichst rumänisch oder arabisch und musstest erst deutsch lernen. Dann schaffst du auch, englisch zumindest so gut zu lernen, dass du eine 3 (befriedigend) kriegst.

Wenn du als Oberbayer, Franke, Schwabe, Hesse, Österreicher selbst Dialekt sprichst oder vielleicht sogar klingonisch kannst, dann geht es auch mit englisch. Wichtig sind auf jeden Fall die Vokabeln. Falls du also schlecht bist im Schulfach Englisch, dann lerne schnell die Vokabeln der letzten Jahre nach. Da gibt es mittlerweile ganz tolle Apps wie zum Beispiel Phase 6 (www.phase6.de), da kannst du mit deinem eigenen Schulbuch arbeiten. Und sogar

vorarbeiten für die nächste ! ☺ Schulaufgabe, in dem du **genau diese Wörter** lernst. Denn wenn du nicht mal die Vokabeln drauf hast, wird dir die Grammatik auch nicht gelingen, weil du von einem Text kein Wort verstehst. Super blöd. (Ach, das war nicht englisch) Shit! ☺ Das war englisch.

Auf den meisten Webseiten springen englische Worte hervor und auch die Kinofilme haben schon ziemlich oft nur noch die englischen Originaltitel wie *Batman* oder *Jurassic World*. Das liegt daran, dass einfach von den Menschen erwartet wird, dass sie das verstehen.

Englisch ist normal.

Viele ältere Menschen, die noch kein Englisch in der Schule hatten, tun sich schon schwer, die Fernsehzeitung zu lesen, weil immer mehr Worte in englisch sind. Und auch die Werbeblöcke zwischen den Filmen sind gespickt mit englischen Ausdrücken. Falls du nur *Netflix* oder *YouTube* schaust: oops, das sind auch englische Worte. Und das Wort *Playstation* ist auch englisch.

Unsere Welt wächst immer mehr zusammen. Und englisch ist ein guter Versuch einer gemeinsamen Sprache. Denn in englisch sind ziemlich viele Elemente aus der deutschen und der niederländischen Sprache enthalten. Zum Beispiel heißt Kindergarten in Amerika *kindergarden*. Oder Finger: *finger*.

So schwer ist das doch nicht, oder?
Wer sich Worte wie Laptop oder Concealer merken kann, hat ein Talent für das Fach Englisch :-)
Denn das sind Worte, da kannst du den Sinn nicht erraten.
Die sind zum Lernen.

. Hauswirtschaft / Technik / Soziales

In der Mittelschule gibt es ja die verschiedenen Zweige. In der 7. Klasse kannst du alles testen und dich entscheiden.

Oft ist man selbst überrascht, was einem Spaß macht, wenn man Gelegenheit bekommt, es auszuprobieren.
Vielleicht hast du "High School Musical" gesehen. Da hat ein Junge Kuchen gebacken und es war ihm zuerst super peinlich und dann war er doch ganz stolz auf sich.

Es gibt ziemlich viele Jungs, die Koch, Bäcker oder Konditor werden. Oder ins Hotelgewerbe gehen (wo man wieder englisch braucht). Bei den Mädchen ist der Beruf der Köchin üblicher, als Konditorin zu werden. Mädchen werden viel öfter Hauswirtschafterin, wo sie zum Beispiel in einer Klinik oder Einrichtung (wie die Schulmensa) die Küche führen.
Oder auch in einem Privathaushalt.

Grundsätzlich kann heute jeder endlich jeden Beruf erlernen. Die Firmen, die Ausbilder, haben sich daran gewöhnt, Mädchen auf Baustellen zu erleben und Jungen im Büro. Das war früher sehr viel komischer und schwerer.

Wenn du überlegst, Krankenschwester/Krankenpfleger oder Altenpfleger im Seniorenheim zu werden, blättere bitte unbedingt gleich noch einmal auf Seite 71 zurück. Dieses Kapitel dort ist super wichtig für dich.

Natürlich ist das Angebot an Ausbildungsstellen verschieden, je nachdem, wo du wohnst. Manche Regionen (Gegenden) sind eher auf Tourismus ausgelegt, da gibt es viele Hotels und Restaurants, andere haben zusätzlich noch Industrie z.B. BMW, wo es Stellen in der Fertigung, aber auch im Büro gibt.

In der 7. und 8. wissen noch die wenigsten Schüler, was sie mal werden wollen. Eins ist aber sicher: ganz egal, wofür du dich in ein paar Jahren entscheidest: ein guter Quali ist besser als ein schlechter oder gar kein Quali.

Eine Geschichte vom Co-Autor:

Ich kam aus der Schule, als es gerade sehr schwer war, eine Ausbildungsstelle zu finden. **Eigentlich wollte ich immer Lehrer werden. Aber ich war erst 15 Jahre.** Also machte ich zuerst ein Berufsfindungsjahr und fand dann eine Ausbildung zum Spengler und Installateur.

Dazu braucht man Talent in Kopfrechnen und räumlichem Denken und da war ich recht gut. (Räumliches Denken bedeutet, dass du dir im Kopf genau vorstellen kannst, wie ein Objekt aussieht, wenn du es drehst, kippst oder auf den Kopf stellst. Zum Beispiel Teile eine Kupferdachrinne oder eines Waschbeckensiphons). Den Beruf habe ich 25 Jahre lang gemacht und es war ganz ok. Ich durfte sogar Lehrlinge ausbilden, das hat mir sehr viel Freude gemacht.
Aber: **ich hätte mit meinen Kenntnissen als Spengler und Installateur sogar tatsächlich Berufsschullehrer werden**

können! Nach dem Gesellenbrief noch auf die Schule gehen und es wäre möglich gewesen. Weil es aber zu der Zeit kein Internet und kein google gab, wusste ich das nicht.

Heute hast du alle Möglichkeiten, dich zu informieren.

Wenn dir ein total ausgefallener Beruf vorschwebt (zum Beispiel Formel 1- Rennfahrer), dann sind Kenntnisse über Motoren und über das Gesetz der Fliehkraft nicht sooo verkehrt. Manchmal ist ein einfacher Beruf die Grundlage für einen viel anspruchsvolleren Beruf.

. Arbeit – Wirtschaft – Technik (AWT) (oder auch Technik, Wirtschaft und Soziales) je nach Klassenstufe

Das sind Fächer für DEINE ZUKUNFT. Wichtig: Alles, was du da lernst, solltest du dir für lange Zeit merken. Wenn es sich ändert, merkst du es dir neu. Du brauchst dieses Wissen für deine Zeit als Auszubildender, später als Arbeitnehmer, vielleicht einmal als Unternehmer, falls du deine eigene Firma gründest, und überhaupt als Staatsbürger. Es sollte Allgemeinwissen eines Erwachsenen sein, der im Leben durchblickt. So einer möchtest du ja werden, oder?

Außerdem kannst du auch da wieder entscheiden, was dich am meisten interessiert und deinen Beruf danach wählen.

. PCB und GSE

Auch das sind Fächer für deine spätere Berufsrichtung und für Allgemeinbildung.

An die Fliehkraft wirst du erinnert, wenn es dich mit dem Radl aus der Kurve trägt. Und wenn du von der Couch fällst, war die Schwerkraft schuld. ☺

Es sind so viele verschiedene Themen – was dich davon interessiert, trägt dazu bei, dir die Berufswahl leichter zu machen. Der Schulstoff macht es aus, dass du plötzlich merkst: bah, das interessiert mich total!

- ➔ Physik und Technik – wie funktioniert ein Gerät, Motoren, Strom, Magnetsspulen, Wasserdruck
- ➔ Chemie – was reagiert womit? Was ist gefährlich? Welche tolle Erfindungen und Hilfsmittel, auch Medikamente, die das Leben leichter machen, gibt es?
- ➔ Biologie – die Lehre des Lebens
- ➔ Geschichte – was war gut, was kann die Menschheit daraus lernen? Welche Ereignisse gab es früher, die die Welt so geprägt haben, wie sie heute ist? Welche mutigen Menschen gab es schon damals? Was darf sich nie mehr wiederholen?
- ➔ Sozialkunde und Soziales – die Lehre vom Zusammenleben
- ➔ Erdkunde – die Lehre über unseren Planeten und seine Klimazonen, seine Wälder und Bodenschätze
- ➔ Wirtschaft – ein Berufsleben rund um den PC und das Büro

Das war natürlich nur ganz grob und kurz.

Denn du hast ja für diese Fächer Schulbücher und wir wissen, dass du selbst all das rausfinden kannst, was dir wichtig erscheint. Lies gerne einmal das Inhaltsverzeichnis deiner Schulbücher. **Beim Quali kommt ja auch noch eine Projektprüfung dazu und das ist so ein bisschen eine Mischung aus allem. Wir möchten hier aber gar nicht näher darauf eingehen, das erklärt dir dein Lehrer wunderbar, wenn es so weit ist.**

Wenn du mithelfen willst, die Welt ein wenig zu verbessern, schau, wie du das am Besten machen kannst. Welche Talente schlummern in dir?

. KUNST und MUSIK

Das sind – genau wie Sport – sogenannte *musische Fächer.* Dies bedeutet, die Ergebnisse daraus (z.B. ein tolles Bild, eine wunderbare Singstimme oder ein cooler Hip-Hop-Move) sind einfach schön anzusehen oder anzuhören und machen das Leben lebenswerter. Deshalb gibt es auch Rockkonzerte, Museen und Ausstellungen aller Art, weil Menschen es lieben, sich zu unterhalten. Das geht nur, wenn es auch Künstler gibt!

. SPORT

Für manche Schüler das **Lieblingsfach**.
Wenn du Sport liebst, dann weißt du ja, dass es um das Team, um Sieg, um Rekordzeiten und viele andere Sachen geht.
Du kannst den Quali auch in Sport ablegen und sogar Sportlehrer werden, wenn du in ein paar Jahren Lust hast, die FOS zu machen.

Für andere Schüler ist es das **Hassfach**. Wenn du Sport abgrundtief hasst, dann schlag bitte mal den Lehrerteil auf. Dort haben wir extra für Sportlehrer einmal zusammengestellt, warum jemand den "tollen Sport" hassen kann und was er eigentlich bringen soll.
Mit Hintergrundinformationen ist vieles leichter.

Wenn dir Sport egal ist, du ihn aber auch nicht schlimm findest, dann mach einfach das Beste aus diesen Stunden. Bewegung ist gut.

Kein Schulfach ist schwer

Denkst du manchmal: manche Fächer liegen mir mehr und manche weniger…

Natürlich ist das subjektiv (das bedeutet: jeder fühlt es für sich anders), aber wir möchten dir auch hier Gedankenanstöße geben.

Alles, was ihr im Unterricht lernt, ist nicht wirklich schwierig. Nein, nicht wirklich. Für den Quali reicht dir eine Drei. Oder sogar eine Vier, wenn dafür in einem anderen Pflichtfach eine

Zwei hast und es für den Beruf, den du machen willst, ok ist.

Das Kultusministerium, welches die Lehrpläne ausarbeitet, **traut es einem jeden von euch zu, dass ihr das, was unter schulisches Grundwissen fällt, auch versteht und schafft.**

Leider hat mancher von euch zu tiefe Zweifel daran. Oder er hat bis gerade eben nicht verstanden, was das soll.

Aber jetzt weißt er (du) es ja.

Ohne einen Sinn zu erkennen ist alles schwerer.

- **In welchem Fach bist du nicht so gut?**
- **Ist es wichtig für deine Zukunft?**

Dann hat es doch einen Sinn, dass du besser wirst!

Jetzt weißt du, es ist für dich!

Und für dein späteres Leben.

Wir wünschen dir wirklich ein gutes Leben.

Mach bitte den Quali.

Für dich selbst und für uns alle.

Die Welt braucht schlaue Leute.

Dankeschön.

Impulse für Mittelschüler 7. und 8. Klasse Ziel: Qualifizierender Abschluss ☺

Teil 3

Dein Weg nach dem Quali

Impulse für Mittelschüler 7. und 8. Klasse Ziel: Qualifizierender Abschluss ☺

Was du mit einem Qualifizierenden Schulabschluss alles anfangen kannst

Wenn du Teil 1 und 2 bereits gelesen hast, ist dir sicher klar, dass wir dir hier nicht 1000 Vorschläge machen werden, aus dem du dir einen aussuchen kannst.

Das ganze Buch soll den Sinn haben, dass du selber bereit bist, nachzudenken und nachzulesen, was dich interessiert und welche Noten du dafür brauchst.

Vielleicht hast du noch keine Ahnung, was du einmal machen möchtest. Du hast ja auch noch Zeit. Blöd ist nur, wenn du es Anfang der 9. Klasse weißt und dann nicht machen kannst, weil dein Notendurchschnitt nicht passt. In ein paar Seiten kannst du lesen, welche Noten für einige Berufe wichtig sind.

Es gibt so unglaublich viele Berufe – aber immer wieder fallen auch welche weg, weil sie nicht mehr gebraucht werden. Ich wollte damals Schriftsetzer werden, aber dafür gab es keine Ausbildung mehr und nach ein paar Jahren war der Beruf total verschwunden, weil der Druck langsam auf Computer umgestellt wurde. Kutschenbauer oder

Hufschmiede, Waschfrauen, Hofnarren oder Henker sind heutzutage auch nur ganz selten gefragt.

Stattdessen kann man zum Beispiel eine Ausbildung zum Eventmanager machen und Konzerte und große Festivals organisieren. Corona hat uns jedoch gezeigt, wie schnell ein Beruf plötzlich nicht mehr gebraucht wird. Wenn Konzerte verboten sind, hat ein Eventmanager nichts zu tun und kann auch keinen Ausbildungsplatz anbieten.
Wir haben dir mal ein paar Berufe ausgesucht, die du mit einem guten Quali und weiterführenden Schulen oder Prüfungen machen kannst.

Wenn

- dich Menschen interessieren
- oder du lieber mit Tieren zusammen bist
- du etwas mit deinen Händen erschaffen willst und das nicht nur als Helfer, sondern richtig deine Ideen umsetzen möchtest
- dich Mode interessiert
- oder Motoren

und für 1000 andere Berufe mehr
ist ein guter Quali hilfreich oder sogar Voraussetzung.
Träumst du davon, Pilot zu werden? Lies weiter, denn auch das geht, glaub uns!

Denn der Quali ist nur das Fundament, auf das du aufbauen kannst. Danach hast du jede Menge Zeit, richtig erwachsen zu werden.

Was heißt da „aufbauen?“ Das willst du gar nicht?

Endlich aus der blöden Schule kommen, das ist dein Ziel?

. Aufbauen – was soll das?

Zum besseren Verständnis, was wir mit *Aufbauen* meinen, hatten wir zwei Ideen und sind sicher, du wirst es blicken, was wir meinen.

Was haben eine Torte und ein Haus gemeinsam?

Projekt Torte:
Eine Torte besteht aus verschiedenen Schichten.
Wenn die unterste Schicht zu weich ist, fällt die ganze Torte zusammen, denn es kommt ja von oben Gewicht drauf.
Also braucht man einen richtig gut vorgebackenen, stabilen Tortenboden.

Einen Boden eben.

Dann erst kommt eine Schicht Creme, eine Schicht Kuchen, eine Schicht Marmelade, Früchte, wieder Kuchen, Creme, Kuchen, Sahne und die Kirsche ☺. Und rund herum auch noch etwas Creme, damit sie nicht seitlich wegkippt. So bleibt die Torte stehen, wird nicht krumm und bricht auch nicht auseinander.

Projekt Hausbau:
wenn man ein Haus baut, stellt man nicht einfach 4 Wände in den Dreck und hebt ein Dach drauf. Zuerst wird die Baugrube ausgehoben und *plan* gemacht, damit das Haus nicht schief wird. Dann – mit oder ohne Keller – kommt die Bodenplatte.

Danach wird Schritt für Schritt, wie bei der Torte, das Haus auf diesen Boden aufgebaut.

Mauern, Zwischenwände, Zwischendecken, Stützen, der Dachstuhl, das Dach. Wenn ein Sturm kommt oder es drei Tage regnet, fliegt das Haus nicht weg (wie bei den 3 kleinen Schweinchen) und fällt auch nicht um oder in sich zusammen, denn es ist auf einen stabilen Untergrund gebaut.

Dein Quali ist dein stabiler Untergrund, dein Boden.

Mit Quali kannst du dich auf viel mehr Berufe bewerben, als ohne Quali.
Wenn dir der Beruf gut gefällt, kannst du später Weiterbildungen machen – zum Beispiel die Meisterprüfung oder wenn er dir nicht mehr gefällt, oder es ihn plötzlich nicht mehr gibt, hast du viel mehr Auswahl, was du sonst machen kannst.

Vielleicht findest du ja mit einem guten Quali genau die Ausbildungsstelle in einem Beruf, der dir dein ganzes Leben lang gefällt. Sollte das nicht so sein, kannst du dir eine andere Arbeitsstelle suchen. Habt ihr in der Schule schon einmal Stellenanzeigen gelesen? Darin steht immer der gewünschte Schulabschluss. Wenn zum Beispiel dort steht: „wir erwarten die Mittlere Reife“ – und du hast den Quali mit 3,5 gemacht und eine Ausbildung abgeschlossen, hast du die Mittlere

Reife dadurch erhalten. Dann kannst du dich auf solch eine Stelle bewerben.
Oder du machst die 10. Klasse – und schaffst den Abschluss, dann hast du ebenfalls die Mittlere Reife.
Damit kannst du auch entscheiden, zur Fachoberschule - FOS oder Berufsoberschule - BOS zu gehen und hast noch mehr berufliche Möglichkeiten. Zum Beispiel ein *duales Studium*.

Ohne Quali kannst du niemals auf die FOS oder BOS und auch nie studieren.

Eine ehemalige Kollegin von mir hat auch in der 9. Klasse den Quali gemacht. Sie wollte schon immer etwas mit Mode machen. Es hat ein paar Jahre gedauert und sie hat ganz was anderes gelernt und in anderen Berufen Geld verdient, aber der Traum blieb. In diesem Sommer fängt sie an, Modedesign zu studieren. Extra für dich beschreibt sie (einige Seiten später), wieso das möglich ist.
Auch, wenn dich Mode nicht interessiert, es ist ein cooler Text und Sheela freut sich sicher, wenn du ihn liest – wir auch ☺
Wieder ein Schritt zum Erwachsen werden. Finden wir gut.

Bevor wir näher auf unser Thema eingehen, möchten wir dir aber noch etwas **Wichtiges** sagen: sei bitte ein bisschen vorsichtig bei Internet-Portalen wie „wer-weiß-was“ oder „gute-frage.net“. Zu vielen Themenfragen sind die Experten-Antworten dort wirklich super.

Aber es kommt immer auf den an, der die Frage beantwortet. Ab und zu machen sich Leute einen Spaß daraus, weil sie die Frage doof finden oder wissen die neuesten Regelungen nicht. Deshalb sind Antworten manchmal total falsch oder trafen noch vor einem Jahr oder früher zu, jetzt aber nicht mehr.
Wenn du dort also etwas suchst und eine Antwort ist schon von 2019, dann kann das längst anders sein. Es ändert sich immer irgendetwas. Zum Beispiel haben wir dort gelesen, dass man das Abitur haben muss, um Pilot zu werden.

Wenn du aber bei google suchst, gibt es sogar Unterschiede bei den verschiedenen Fluggesellschaften. Manchen reicht es, wenn du ein Fachabitur hast. (Weg: Quali, FOS, Fachabitur) Wenn du nur Lastenflugzeuge statt Menschen fliegen willst, brauchst du oft nicht mal das. Auf jeden Fall musst du aber einen Einstellungstest machen. Dass der super schwer ist und du dazu viel wissen und lernen musst, kannst du dir wohl vorstellen. Aber es ist auf jeden Fall möglich. Voraussetzung ist mal wieder, dass du den Quali hast.

Übrigens ist es auch so, falls du Lokführer werden möchtest. Auch da gibt es einen Einstellungstest, der mindestens so schwer ist, wie der Quali. Nur noch spezieller.

Lernen wird dich dein halbes Leben begleiten.

Ist so.

Möchtest du irgendwann ein Auto fahren?

Den Führerschein kannst du nur bestehen, wenn du die Fragen zur Straßenverkehrsordnung richtig gut lernst. Und gleichzeitig lernst, das Auto zu bedienen.

Dein Gehirn ist so wie ein Muskel.
Je mehr du über Dinge nachdenkst, desto stärker wird deine Denkkraft.

Allerdings kann man auch
absolut voll den Blödsinn denken!
Wenn man zuwenig oder falsches Hintergrundwissen hat.

Jetzt kommt Sheelas Text
(das ist garantiert kein Blödsinn, die hat echt was im Kopf!)

Er ist sehr lang und weil wir wissen, dass die meisten von euch nicht soooo gerne lesen, haben wir wichtige Worte hervorgehoben. Also schau dir erst einmal die fett gedruckten Worte an und dann lies ihn ganz, wenn du willst.

Es lohnt sich auf jeden Fall!

Mein Werdegang von der Hauptschule bis zum Studium

Im Sommer 2012 habe ich meinen **qualifizierenden Hauptschulabschluss** in München erfolgreich absolviert.
Mir war schon seit ca. der 5./ 6. Klasse bewusst, dass ich in diesem Leben Mode Designerin werden möchte. Dies habe ich damals für mich festgeschrieben und der Wille ist seither immer größer geworden. Es fällt mir immer wieder auf, dass Personen in meinem Alter es bewundern, wenn jemand so ein klares Ziel vor Augen hat. Ich persönlich finde es auch wahnsinnig schön genau zu wissen was ich möchte und eine sehr klare Vision davon zu haben, wo und wie ich mich im Leben sehen möchte.
Was mir allerdings nach der Hauptschule noch gefehlt hat, war Selbstvertrauen. Aufgrund dessen habe ich keine Schneiderlehre angefangen, **da mir seit meiner gesamten Schullaufbahn immer eingeredet wurde, ich sei zu langsam und zu ungenau**. Schlechte Bedingungen für jemanden, der eigentlich durch eine Schneiderlehre zum Modedesign kommen möchte.
Ich hatte absolut kein Interesse mehr weiter die Schule zu besuchen. Dennoch war mir zum Glück in diesem jungen Alter schon bewusst, dass ich mindestens eine **Mittlere Reife** in der Tasche haben möchte. Da ich mir die Schneiderlehre nicht zugetraut hatte, die Schule beendet war und ich noch keine direkte Aussicht oder Lehrstelle nach der Schulzeit hatte, war ich nun ca. zwei Monate arbeitslos und bin dann auf eine **Berufsvorbereitende Bildungsmaßnahme (BVB)** des bayerischen Roten Kreuzes in München gegangen. Die Telekom bot mir dann die Lehre als Kauffrau/-mann im Einzelhandel an. **In diesem Alter, ich war 15 oder 16, war ich noch wahnsinnig unsicher** und habe keine gute Performance vor den zwei Vertretern der Telekom gemacht,

dennoch boten sie mir ein Probearbeiten an. **Es war mir sehr wichtig, diese Lehrstelle zu bekommen, da mir schon zu dieser Zeit bewusst war, dass** ich die Mittlere Reife durch egal welche Ausbildung erhalten kann und das war wie gesagt auch mein Plan. Arbeiten, endlich etwas Geld verdienen und so zu meinem **höheren Bildungsgrad** zu kommen war der perfekte Weg für mich.

Im Sommer 2016, drei Lehrjahre später, war ich dann eine **gelernte Kauffrau im Einzelhandel mit der Mittleren Reife in der Hand.** Um die mittlere Reife zu erhalten, musste ich einen **(Berufs-)Schulnoten Durchschnitt von 3,0** erzielen, was mir auch gelungen ist. **Die Ausbildung zur Kauffrau habe ich nur als Sprungbrett genutzt.** Mir war seit Tag eins der Ausbildung bewusst, dass ich die Ausbildung durchziehe und danach einen anderen Weg gehe, da der Beruf der Kauffrau im Einzelhandel mir nie gefallen hat. In den Jahren der Ausbildung ist der Traum des Mode designers ein wenig abhanden gekommen, da mein Selbstvertrauen nach wie vor nicht groß genug war, mir vorstellen zu können, eine Schneiderlehre zu beginnen. Ich habe mir selbst so lange eingeredet, dass *ich* das nicht kann und mir nun Gedanken gemacht, welche anderen Interessen ich noch habe. Nach der Lehre war ich wieder arbeitslos und auf Jobsuche. Ich habe den freien Sommer genossen und mit dem 26. September meinen ersten „richtigen" Job angefangen. Während der Jobsuche habe ich mich bei einer Werbeagentur für Hilfsorganisationen als **Back Office Angestellte** beworben. Dieser Job hat mich viel Blut und

Schweiß gekostet, aber mich dafür auch genauso viel über mich selbst hinaus wachsen lassen **und mir mit unter die schönste und aufregendste Zeit meines Lebens** geschenkt. In der Talk2move-Städtekampagne durfte ich das Büro leiten. Es war ein Jackpot für mich, da mich die aktuelle Weltlage immer interessiert hat und ich schon seit klein auf das Leid der Welt wahrgenommen habe und es als unnötig empfand. Es war ein kleiner Allrounder-Job, da ich neben Excel-Tabellen und Telefonaten auch Infostände umbauen musste, Genehmigungen beantragt habe, einkaufen gegangen bin und auch Wäsche gewaschen habe. Für mich der perfekte erste Job. Da ich die einzige Büroangestellte der Städtekampagne München war, hatte ich relativ viel Verantwortung, die mich eben zum Teil viel gekostet hat, aber mir auch wahnsinnig viel gebracht hat. **Als ich die Stelle angenommen habe, wollte ich diese anfangs nur ein Jahr ausüben und mich dann endlich in einen kreativeren Beruf begeben. Da ich bei talk2move so eine tolle Zeit erleben durfte, hat es dann nun doch über vier Jahre gedauert,** bis ich meine Kündigung eingereicht habe und ich der Arbeit nicht mehr nachgehen wollte. Dieser Schritt hat viel mit meiner **Schwester und einer sehr guten Freundin** meiner Schwester zu tun, denn diese beiden **haben mich darüber aufgeklärt**, dass ich auf meine Einzelhandels-Ausbildung durch die **Handwerkskammer München** (oder auch durch die **Industrie und Handelskammer München - IHK)** soweit bis zu einer **Hochschulzugangsberechtigung aufbauen** kann und danach direkt Mode Design **studieren** könnte.
Anfangs habe ich diese Möglichkeit gerne abgelehnt, da ich mich nicht als ein „Akademikerkind“ identifizieren konnte und auch nicht wollte. *Ich* ein Studium? Niemals! Doch nachdem meine Schwester, ihre gute Freundin, meine engsten Freunde und meine Therapeutin mir so viel und so

gut zugeredetet haben und ich durch meine **Joberfahrung** und auch durch meine **Lebenserfahrung** große Mengen an Selbstvertrauen gewonnen habe, habe ich zu recherchieren begonnen, mich bei der Handwerkskammer für die notwenigen **Kurse** angemeldet und auch schon an dem Auswahlverfahren der Akademie für Mode und Design teilgenommen, da man alle **Voraussetzungen für ein Studium** oft erst spätestens zu Studienbeginn abgelegt haben muss.

Bei der Handwerkskammer Oberbayern muss ich folgende zwei Kurse belegen um (m)eine Hochschulzugangsberechtigung zu erhalten:

- **Ausbildung der Ausbilder** (AdA – Ausbildereignungsprüfung)
- **Kaufmännischer Fachwirt**

Die Akademie für Mode und Design hat mir im Winter 2020 eine Zusage gegeben, nachdem ich eine Kreativmappe erstellt und an einem **Auswahlverfahren** teilgenommen hatte. Der **Studienvertrag** ist bereits unterschrieben. Es gibt vor dem Studienbeginn natürlich einige Voraussetzungen, die zu erfüllen sind, u. A.: **Englischniveau** min. B1, Abitur oder eine **bestandende Meisterprüfung** (**Hochschulzugangsberechtigung**), Kreativmappe, etc. Damit ich zum Wintersemester 2020/21 wirklich das Studium antreten darf, muss ich wie erwähnt auch die

Prüfungen bei der Handwerkskammer (HwK) erfolgreich absolvieren und die Zertifikate der Universität vorlegen.
Die Ausbildereignungsprüfung bei der HwK ist ein Kurs von zwei kompakten Wochen (bei Vollzeit, Teilzeit ebenfalls möglich). Der kaufmännische Fachwirt kann bei Vollzeit in ca. drei Monaten absolviert werden.
Da ich bereits alleine lebe, habe ich vor der Kündigung viel darüber recherchiert ob ich diesen neuen Weg überhaupt wagen kann, wann und ob ich **BAföG** erhalte und ob ich mich so überhaupt **über Wasser halten** kann. Durch mein Interesse an der Politik, ist mir bewusst, dass man an allen Staaten der Welt viel Kritik ausüben kann, auch an Deutschland.

Ich sehe vieles kritisch und kann einige Staatshandlungen nicht nachvollziehen.

Es ist ein leichtes, sich zu beschweren.

Doch was ich wirklich schätze, ist die **Chancengleichheit** die in diesem Land angeboten wird.

Ich kann jedenfalls nur für mich sprechen, da ich aus einem Haushalt komme, in dem die Eltern vieles versuchten, aber keinerlei finanzielle Möglichkeiten hatten, um jemals bspw. mit den eigenen Kindern in den Urlaub fahren zu können, ihnen den Führerschein zu zahlen oder sie irgendwie finanziell zu unterstützen. Im Gegenteil. Meine Schwester und ich haben seit dem Tag, seit dem wir in jungen Jahren angefangen haben zu arbeiten unsere Eltern finanziell unterstützen müssen. Doch ich habe eine **Sozialwohnung** der Stadt München erhalten, kann während dem Studium dadurch die Miete voraussichtlich etwas senken lassen, erhalte **BAföG** und werde mein Studium, welches 700 € im Monat kosten wird, durch **Studienkredite** finanzieren. Ohne diese **finanziellen Unterstützungen** und das **Bildungssystem** durch den Staat, würde ich mein Leben lang nur von diesem Traumstudium träumen können.

Die **persönliche Entfaltung** die mir dadurch geboten wird, ist meiner Meinung nach einfach **unbezahlbar** und **ich empfehle jedem, der nicht den reinen akademischen Weg nach der Schule geht, eine Berufsausbildung zu machen,** sich bei Interesse hochzuarbeiten, durch entsprechende **Weiterbildungen** Karriere zu machen und sich so **von der Hauptschule bis zum Hörsaal seiner Universität zu katapultieren**, denn auch wenn es viel zu selten in den Schulen kommuniziert wird: **es ist für *jeden* machbar!**

Danke Birgitta für dein Interesse an meinem Weg.

- Sheela Esi Newton.

Danke Sheela für diesen Beitrag.
Wir wünschen dir, dass du eine berühmte Designerin wirst :-) Ein toller Mensch bist du jetzt schon.

auf der nächsten Seite findest du den Text von Nikolas W.

Nik ist auch ein guter Freund und wir haben ihn gebeten, etwas über sich zu schreiben, was dich interessieren könnte.

Tatsächlich war er zuerst in der Schule aber **so was von grottenschlecht,** dass er gleich zwei Mal die 7. Klasse wiederholt hat. Du wirst gleich lesen, was doch noch aus ihm geworden ist ☺ **.**

Manche sind einfach Spätstarter. **Du vielleicht auch.**

Vorher möchten wir aber etwas zu dem Begriff *Werdegang* erklären, denn sowohl Sheela, als auch Nikolas haben dieses Wort in ihrer eigenen Überschrift verwendet, obwohl sie sich nicht kennen.

✔ Werdegang

das Wort setzt sich aus **gehen** und **werden** zusammen.

Auch du wirst - so oder so - deinen Weg gehen.

Du wirst gehen und wirst werden.
Was aus dir wird, was du werden wirst, weißt du heute noch nicht. Das weiß niemand. Aber nur du allein hast es in der Hand, was für ein Weg es werden kann.
Es kann ein guter Weg in ein gutes Leben sein oder ein schlechter Weg, auf dem du vielleicht zurückschaust und dir denkst: hätte ich doch damals...

Wir wünschen dir den guten Weg.

nun zu Nikolas - lies selbst:

Mein Werdegang

Hallo, Birgitta hat mich gebeten, von meiner Schulzeit zu erzählen.

Wer ich bin? Ich bin Nikolas W. 22 Jahre

Ich bin in einer relativ lustigen, sehr durchwachsenen Schullaufbahn durch meine ganze Lebenszeit bis jetzt gegangen. Hab insgesamt 15 Jahre in der Schule verbracht – zu guter Letzt dann doch noch mit Erfolg.

Es fing eigentlich damit an, dass man von der Grundschule in irgendeine Schulart wechseln wollte. Ich bin auf die Realschule gewechselt mit diesem schönen Einstellungstest, wo ich irgendwie mit Biegen und Brechen durchgekommen bin.

Dann habe ich die 5., 6. und 7. Klasse auf der Realschule gemacht, jeweils mit schön 4,5 oder 5,0 in Englisch – und geguckt, wie ich weiterkomme.

Immer nach dem Prinzip: eine 5 geht schon.

In der 7. Klasse bin ich durchgefallen wegen 6,0 in Englisch.

Ich habe dann die 7. Klasse nochmal gemacht und – bin wieder durchgefallen.

Und dann hieß es für mich, dass ich von der Realschule runter musste auf die Hauptschule/Mittelschule und als ich dann auf der Mittelschule war, war es relativ hmmm interessant, heikel.

Man kommt an – komplett neue Schule, die Leute sind komplett anders drauf. Am 1. Tag war dort gleich das Erlebnis in der Pause: alles hat sich im Kreis aufgestellt, zwei Typen standen im Kreis und alle riefen „Schlägerei, Schlägerei!“ Dann haben die beiden aufeinander eingeprügelt, der eine war 30 kg schwerer als der andere. Das war dort normal.

Das fand ich sehr schwierig, auf der Realschule war das nie so. Die Prügeleien wiederholten sich oft, bis ein neuer Rektor kam. Dann verschoben sie sich auf andere Orte außerhalb der Schule oder in den Sportunterricht.

Trotzdem wurde ich auf der Hauptschule witzigerweise besser, weil ein Zusammenhalt der Klasse da war. Keiner hat dich verpfiffen, wenn du scheisse gebaut hast. Zusammenhalten ist das Wichtigste, was du in der Klassengemeinschaft haben kannst. Das hab ich dann so erfahren und dann wurden meine Noten dadurch auch besser.
Ich habe dann weitergemacht 8./9. Klasse - meine Eltern haben ein Kreuz im Kalender gemacht, als ich ihnen sagte, ich höre nach der 9. nicht auf, sondern gehe in die M10.

Meinen Quali habe ich als Zweitbester der Schule gemacht.
Alle anderen waren echt nicht gut.
Ich hatte Durchschnitt 2,3 und war damit Zweitbester, na ja.

Die Englischnote weiß ich gar nicht mehr, ich glaube eine Drei. Oder Vier.

Durch das Prinzip des M-Zweig, wo ich dachte: ja, hängen wir noch mit dran – hatte ich dann die Mittlere Reife nachgeholt – mit einigen von meiner Klasse.

Und dann bin ich auf die Fachoberschule gewechselt, weil ich gesagt habe: das reicht mir noch nicht ganz, ich weiß noch nicht, was ich für eine Ausbildung machen werde. Dementsprechend also machen wir erst mal weiter mit Bildung, danach hab ich ja viel mehr Möglichkeiten!

Ich bin auf die FOS, hab mich dort eingelebt und sogar mein Abitur nachgeholt in der 13. Klasse in Bayern.

Wenn ich an den Sportunterricht an der Mittelschule zurückdenke, ist das ein einprägsames Erlebnis gewesen, weil man einfach mit den unterschiedlichsten Leuten Sportunterricht hatte.

Wir hatten einen, der war schon 19 Jahre alt, der hat probiert, den Quali doch zu machen. Er wog so 110 kg –

120 kg und war 1,90 m groß. Das war schon lustig, wie der in der Klasse saß.

Aber der Sportunterricht gegen ihn als Partner war relativ unfair wegen der körperlichen Verhältnisse. Ich war da noch etwas kleiner und er war zwei Köpfe größer und viel stärker und schwerer. Aber ich habe es überlebt.

Jetzt gerade studiere ich an der Uni Personalmanagement.

Ja, ich habe mich vom grottenschlechten Schüler zum erfolgreichen Studenten entwickelt. Hätte ich damals auch nicht für möglich gehalten, als ich noch auf der Realschule war.

Das war mein Werdegang. Ich hoffe, du hast für dich was rausgelesen.

Gönn dir einen guten Start und mach mindestens einen guten Quali.

Alles andere kommt später.

Nikolas W.

Vielen Dank, lieber Nik.

Wir finden super, was du aus dir gemacht hast.

Es gibt auch noch eine dritte Person, die ihren Weg gegangen ist. Er ist schon über 30 und möchte gerne anonym bleiben, (seinen Namen nicht verraten), hat aber ebenfalls eine Geschichte für dich.

Die Informationen über seinen Werdegang gab er uns gerade vorhin über Handy, deshalb sind es nur Stichpunkte.

Ganz zum Schluss sagte er noch etwas sehr Schlaues:

...richte ihnen aus, sie sollen zur Prüfung gehen!
Auch wenn sie glauben, sie bestehen die Prüfung nicht.
Ob sie die Prüfung bestehen, wissen sie nur, wenn sie hingehen!“

Jede Schulaufgabe, jede Ex ist auch eine kleine Prüfung! Verändere dein Lernen und schau, was es dir bringt.

Nun in Stichpunkten sein Weg:

- ✔ Quali in der 9. Klasse
- ✔ 10. Klasse dran gehängt und damit die Mittlere Reife erworben
- ✔ nach der 10. Klasse auf die FOS – technischer Zweig – Fachabitur

- ✔ Studium Produktionstechnik auf der FH (Fachhochschule) - das geht so in Richtung Maschinenbau.

Seitdem arbeitet er in diesem Beruf.

Er hätte nach dem Vordiplom auch das Fach wechseln und sogar Medizin studieren können! Das wussten wir bis heute auch nicht, dass so was geht. Allerdings wohl echt nur in der Theorie. Denn für ein Medizinstudium wird so viel Wissen verlangt, das ist schon sehr schwer. Und da brauchst du auf jeden Fall ein Einserabitur. Aber es ist rein theoretisch möglich. Wenn man will.

Wir danken dir, Mister Anonym , ☺ das war wirklich sehr interessant.

Wenn du dir heute noch nicht vorstellen willst oder kannst, dass du irgendwann einmal Lust auf weiterführende Schulen oder sogar auf die Uni hast, verstehen wir das.

Aber auch, wenn du nach der 9. Klasse die Mittelschule verlässt und keine großen Zukunftsträume hast, ist es ein riesiger Unterschied, ob du den "Qualifizierenden Mittelschulabschluss" hast oder nur den "Erfolgreichen Abschluss der Mittelschule", wie er in Bayern heisst.
Den bekommst du nämlich schon, wenn du in Deutsch, Mathe und Englisch eine 4,0 schaffst.

Ein Durchschnitt von 4,0 ist für die meisten Berufe aber echt viel zu schlecht! (*ausreichend* reicht nicht aus)

Welche Noten brauchst du für welchen Beruf?

Wir haben ein wenig im Internet geschaut, welche Noten Firmen erwarten, wenn sie eine Ausbildungsstelle anbieten.

Und wir möchten dich nochmal erinnern, dass du selbst im Internet alles suchen kannst. Dazu brauchst du keinen, das kannst du allein.

Die Seite www.azubiyo.de finden wir dafür echt gut, denn da sind die Noten angegeben, die du brauchst, um dich zu bewerben. Du findest links den Button Schulabschluss, gib Hauptschulabschluss ein, dann kommen rechts die verschiedenen Angebote. Klick auf ein Beliebiges, dann siehst du oben Eignungs-Check. Draufklicken und lesen, welche Noten von dir erwartet werden, was das überhaupt für ein Beruf ist und welche schulischen Interessen hilfreich sind, um Spaß an dem Beruf zu haben.

Wir haben dort nur ein paar für 2021 ausgesucht.

Beruf KFZ-Mechatroniker:
Qualinoten:
Mathe 2 Deutsch 3 Englisch nicht wichtig

Beruf Verkäufer bei Edeka
kein Quali nötig, aber mindestens
der Erfolgreiche Hauptschulabschluss (Mittelschule)
Mathe 4 Deutsch 4 Englisch 4

Beruf Handelsfachwirt bei Edeka – mit Abschluss IHK
Fachabitur (FOS) oder Abitur nötig.

Beruf Bierbrauer in Bayern
Brauereien wie Spaten/Franziskaner verlangen einen
guten Hauptschulabschluss (Mittelschule).
Dazu braucht man die Qualinoten:
Mathe 3 Deutsch 3 Englisch 3

Übrigens haben Zahnarzthelfer in der Berufsschule Englisch! Es kann ja sein (vor allem in Gegenden wie München, Tübingen oder Nürnberg und Augsburg, wo viele Touristen sind), dass mal ein Patient mit furchtbarem Zahnweh kommt, der kein deutsch kann.

Zahnarzthelfer und auch Arzthelfer (medizinische Fachangestellte) benötigen in der Regel die Mittlere Reife.
Wenn du eigentlich doch lieber länger in die Schule gehen willst, kannst du die M 10 machen.
Natürlich mit einem guten Abschluss.
Oder Quali + beliebige abgeschlossene Ausbildung = Mittlere Reife und dann ist eine Umschulung denkbar.

Um zur FOS (Fachoberschule/Abschluss mit Fachabitur) gehen zu können, muss dein Durchschnitt in den Fächern Mathe, Deutsch, Englisch im Quali 3,5 oder besser sein.

Um zur BOS (Berufsoberschule) zu gehen, brauchst du auch den Durchschnitt 3,5 plus eine abgeschlossene Berufsausbildung.

Im Qualifizierenden Abschluss der Mittelschule wird der Stoff der Klassen 7 + 8 + 9 abgefragt.
Wenn du jetzt eher schlecht bist, schaffst du das Nachlernen nicht, wenn du erst in der 9. Klasse anfängst.

Und mit 18 erkennen: *hätte ich doch damals...* ist auch nix. Fang also bitte gleich an.

Wir wünschen dir das Allerbeste und wir glauben an dich.

Wie schrieb Sheela: es ist für jeden machbar!

So, jetzt hast du es geschafft. Unser Buch ist gleich zu Ende. Zumindest der Schülerteil. Den Lehrerteil kannst du gerne auch lesen.

☺ Wir hoffen, dem ausgesuchten Titel
"Impulse für Mittelschüler" gerecht geworden zu sein.

☺ Impulse geben heißt: Anregungen, Antrieb geben.

☺ wir hoffen .... gerecht geworden zu sein... heißt,

dass wir es hoffentlich geschafft haben, dir den nötigen Antrieb zu geben.

☺ **Wir hatten eine 1A- Superkräfte-Motivation vom Feinsten geplant für dich!** ☺

Es wäre schön, wenn uns das gelungen ist.

Wichtig ist uns, dass du verstehst:

- **jetzt in der 7./8. Klasse wird der Boden – das Fundament – bereitet.**
- **Ist der Boden zu weich, ist das schlecht.**
- **Das Zeitfenster schließt sich bald!**
- **Nimm dir einfach vor, in Deutsch, Mathematik und Englisch mindestens eine 3 zu schreiben und arbeite <u>ab sofort einfach darauf hin</u>!**

Gleich kommt noch Teil 4 für die Lehrer.

Damit die Klasse und der Lehrer dasselbe Ziel verfolgen.

Es ist immer blöd, wenn einer was will und ein anderer voll dagegen arbeitet.

Macht es gemeinsam!

Qualifizierender Abschluss der Mittelschule !

Hast du ein Lob für uns (das wäre schon nett, da würden wir uns echt freuen) oder eine spezielle Frage? Fehlt dir etwas in diesem Buch?

Wir haben eine Gruppe auf Facebook eröffnet, extra für dieses Buch.

Schreib uns gerne deine Meinung oder eine PN.

Bitte gib uns dort ein Like !

Sie heißt: **Impulse für Mittelschüler – Fragen**

Bisher sind wir noch nicht auf anderen Portalen. Vielleicht ändert sich das bald. Such einfach den Buchtitel. Bis bald auf fb

Teil 4

Nur für Lehrer

Impulse für Mittelschüler 7. und 8. Klasse Ziel: Qualifizierender Abschluss ☺

Nur für Lehrer ☺

Dieser Teil ist für Lehrkräfte und andere Bezugspersonen von Haupt-/Mittelschülern.
Wir verwenden für alle Kapitel weiterhin den Begriff Lehrer oder Lehrkraft und gehen davon aus, dass sich alle Geschlechter, Leser und Berufsgruppen gleichermaßen angesprochen fühlen.

Genderwörter wie Lehrer*innen, SchülerInnen, Ausbilder:innen stören unserer Meinung nach den Lesefluss.

Aus sicherlich nachvollziehbaren Gründen haben wir
in diesem Teil auf Überschriften verzichtet.

Warum ist die Banane krumm?

Warum fallen Wolken nicht runter?

Warum haben Ameisen kein Halsweh?

Mit solchen oder ähnlichen Fragen hat jeder von uns im Alter von 3-5 Jahren seine Umwelt bombardiert.

Kinder machen sich Gedanken und möchten die Welt verstehen.

Warum fressen Motten Klamotten?

Warum werden meine Füße größer?

Warum bin ich ein Kind und du bist erwachsen?

ꕥꕥꕥ

Warum gehe ich überhaupt in die Schule?

Warum muss ich all diese sinnlosen Dinge lernen?

ꕥꕥꕥ

Ein Teil der Erwachsenen ist ein Leben lang wissbegierig und möchte dieses Wissen an die nächste Generation weitergeben. Deshalb wählt er zum Beispiel den Beruf des Lehrers.

Ein anderer Teil setzt das erworbene Wissen in der Wirtschaft, in den Medien, im Handwerk - in mannigfaltigen Berufen ein. Berufe, die alle für das Funktionieren unserer Gesellschaft wichtig und notwendig sind.

Manche Erwachsene hatten nie Gelegenheit, ihr Wissen aufzustocken und anzuwenden und arbeiten mit der einzigen Motivation, Geld für die Lebenshaltung zu verdienen und sind eigentlich nicht an ihrer Tätigkeit interessiert. Vielleicht haben sie selbst keinen Abschluss und konnten deshalb keinen Beruf auswählen, der ihnen Freude macht, in dem sie Sinn sehen und aus dem sie familiäre und gesellschaftliche Anerkennung und Kraft ziehen könnten.

Sie erleben den Alltag mit wenig Hintergrundwissen über die Schönheit, Besonderheit und Vielfalt unseres Planeten und seiner Bewohner.

Die Autorin leitete 14 Jahre lang – seit 2002 - ein ganzheitliches Lerninstitut (für alle Stufen und Schulformen) und konnte dabei auf die Persönlichkeitsstruktur des einzelnen Kindes eingehen.

Ganzheitliche Lerntherapie ist nicht fachbezogen, sondern stärkt die Psyche und fördert Mut und Lust zu eigenen Gedankengängen.

Interessanterweise und wohl gerade deshalb haben überdurchschnittlich viele der teilnehmenden Schüler später selbst Berufe wie Erzieher, Sozialpädagoge, Logopäde gewählt. Dies erklärt sich dadurch, dass wir alle von unseren Bezugspersonen beeinflusst werden und Kinder durch positive Bestätigung besser und gesünder heranreifen. Die im

Buch dargestellten Schüler haben sich durchwegs mit dem Qualifizierten Hauptschulabschluss in Bayern (vor 2013) den Grundstein für den 2. Bildungsweg gelegt.
Sie haben ihren Lebensweg bereits gefunden und sind nun fast durchwegs erwachsen.

Wichtig sind in diesem Buch aktuell Ihre Schüler, deren Leben sich jetzt formt.

Wir danken Ihnen, dass Sie Ihren Anteil leisten!

Sollten Sie sich im Moment gerade in einem Zustand der Depression befinden, weil Ihnen eine gelangweilte Klasse jede Motivation nimmt, kann dieses Buch das ändern.

Leider haben manche Schüler tatsächlich schon mit 13 kein Interesse mehr an geistiger Weiterentwicklung und sind auch noch mit 30, 50, 70 Jahren auf diesem sehr eingeschränkten Wissensstand.

Bezugspersonen – wie Sie - haben

die Chance
(die Berufung)
die Aufgabe,
die Möglichkeiten
dies zumindest bei einzelnen der ihnen anvertrauten Schülern zu ändern.

Geistige Stagnation hat oft den Ursprung in mangelnder Bildungsförderung.

Eine (philosophische) Frage aus dem Leben außerhalb der Schule:
Kann man die Oper lieben, wenn man niemals eine Opernmelodie gehört hat?
Von der unwiderruflichen Tatsache ausgehend, dass jeder Besucher eines Opernhauses früher selbst ein Kind war, bedurfte es eines Anlasses - irgendwann im Leben - dass er nun in der Oper sitzt. Selbst, wenn es das erste Mal ist, so hat er nun die Möglichkeit, einzuschätzen, ob es ihm zusagt oder nicht und ob er mehr davon erleben will.

So ist es auch mit Bildung.

Kein Kind weiß, ob es gut im Hochsprung, in Geometrie oder im Referat ist, bevor es die Chance bekommt, von der Existenz dieser Disziplinen überhaupt zu erfahren. Und dann noch die Möglichkeit, zu üben, erhält.

Im Idealfall freiwillig.

Wir wissen nicht, ob Sie Klassenlehrer oder Fachlehrer sind.

Wir wissen nicht, ob Sie noch Referendar sind oder die Lehrertätigkeit schon seit vielen Jahren ausüben.

Wir ahnen jedoch, dass Sie, als Sie am Schuljahresanfang die Klassenzimmer betraten, den Ihnen anvertrauten Schülern die beiden grundlegendsten, wichtigsten Fragen nicht beantwortet haben. Deshalb greifen wir sie nochmals auf.

- Warum gehe ich überhaupt in die Schule?
- Warum muss ich all diese sinnlosen Dinge lernen?

Auch, wenn Schüler diese Fragen explizit nicht gestellt haben: Ihr Erfolgsgeheimnis als Lehrkraft ist die Beantwortung dieser Fragen!

Was unterscheidet kleine Kinder von großen Kindern?

Kleine Kinder posaunen Ihren Wissensdurst in die Welt.

Große Kinder sind unter Umständen seit Jahren angefüllt mit Misserfolgen, Ängsten und offenen Fragen.

Große Kinder stellen keine (mündlichen) Fragen mehr - doch sie sehnen sich so sehr nach Antworten!

Portale wie wer-weiß-was.de oder gute.frage.net bekommen Millionen von Fragen zu wichtigen und auch kuriosen Themen. Kinder hoffen dort, Fragen beantwortet zu kommen, auf deren Stellung die Erwachsenen niemals kämen. Im Internet ist das Kind anonym – und outet sich nur bedingt. Im Idealfall schreibt ein Älterer oder Erwachsener eine vernünftige Antwort, im schlechtesten Fall wird die Frage von mehreren Usern höhnisch kommentiert und der Fragende kommt sich noch hilfloser vor – und die Antwort bleibt offen.

Erwachsene sind für die inneren Nöte ihrer Kinder oft nicht sensibilisiert. Und bei der rasanten Entwicklung unserer Zeit fällt es manchen schwer, die Welt ihrer Kinder nachzuvollziehen.

Diese leben buchstäblich virtuell in einem sich immer

schneller drehenden fiktiven Sog - hoch technisch zwischen Smartphone, iphone, Playstation, TikTok, Facebook, Twitter, Instagram, Harry-Potter-Zauberwelten und vielen verschiedenen anderen Welten, in die Zerstreuung und Flucht möglich ist.

Andererseits sehnen sie sich nach Verständnis und Nähe und nach einem Menschen, der sie so akzeptiert, wie sie heute sind und ihnen Wege aufzeigt.

- ✔ **Aus diesem Grund gibt es Schulunterricht und richtige Lehrer aus Fleisch und Blut. So wie Sie!**

Lehrer können
Tag für Tag erneut die Lust auf die Realität wecken
und beweisen,
dass auch das echte Leben spannend sein kann
und Erfolge jederzeit möglich sind,
selbst nach vielen Misserfolgen.

Mit Sicherheit haben Sie schon Eltern erlebt, die aus allen Wolken fielen, wenn Sie beim Elternabend schlechte Noten, mangelhafte Mitarbeit oder andere Dinge ansprachen. Sie hatten ein vollkommen anderes Bild von ihrem Kind.

Und leider haben Sie wahrscheinlich auch schon Eltern erlebt, die ihre eigenen Kinder als faul und dumm titulierten, weil sie "die einfachsten Dinge nicht verstehen".

Beispiel Mathematik: Rechenaufgaben der 7. Klasse zu begreifen und zu lösen, sollte für Erwachsene 35 + (Jahre) selbstverständlich sein, bei 13jährigen ist dies eine längere Entwicklungsphase. Sich als Elternteil zuhause mit den Kindern hinzusetzen und die Rechenaufgaben vorzurechnen nach dem Motto: „das ist doch ganz einfach, wieso verstehst du das nicht, so blöd kann man gar nicht sein" und anders geartete Demütigungen sind wenig geeignet, um zum Höhenflug zu kommen.

Geistige Stagnation hat auch den Ursprung in mangelnden Erfolgserlebnissen.

Hier in Bayern gibt *Das Staatsministerium für Unterricht und Kultus* die Lehrpläne vor.
Das Land Baden-Württemberg, vertreten durch das *Ministerium für Kultus, Jugend und Sport* hat seine eigenen Vorstellungen – wie der Rest von Deutschland.

Die Lehrpläne sind altersgemäß zugeschnitten und selbst Kinder mit Migrationshintergrund, die die deutsche Sprache hinreichend beherrschen, sollten dem Unterricht in der Regel folgen können.

Theorie und Praxis klaffen allzugerne auseinander.

Lehrkraft in der Mittelschule zu sein erfordert ein hohes Maß an Sozialkompetenz und nicht nur die nachhaltige Vermittlung von Lernstoff.

Es ist ein wenig wie im Zirkus.

Ein Lehrer ist – je nach Situation – manchmal

Zirkusdirektor

Hochseilartist

Löwendompteur

Dummer August

– und wünscht sich wohl gelegentlich,

die Lizenz als Messerwerfer zu besitzen.

Eine der markantesten Aussagen eines Lehrers der 8. Klassenstufe gegenüber der Autorin war: meine Schüler müssten alle miteinander in die 3. Klasse zurückgestuft werden und für mich ist es eine Mühe, diese Kinder jeden Tag zu ertragen!

Diese Ohnmacht umzuwandeln in – nein, nicht in Macht, sondern in eine Vorbildposition, die einen persönlichen Nutzen für alle Beteiligten bringt, möchte dieses Buch beitragen.

Wir kennen weder die Schüler, noch die Lehrer, die dieses Buch lesen werden.

Deswegen werden manche Dinge in diesem Buch für Sie nicht zutreffen oder Sie fühlen sich den Autoren didaktisch oder pädagogisch weit überlegen. All das ist legitim und freut uns.

Vielleicht fällt Ihnen aber zu einem Part spontan ein junger, ein ehemaliger oder sogar ein ratloser Kollege ein, den unsere Gedankengänge weiterbringen können.

Nehmen Sie sich gerne auch lediglich ein Kapitel aus dem Schülerteil heraus, wenn es Sie anspricht.

Das Buch soll für alle eine win-win-Situation sein.

Lehrkraft an der Mittelschule heißt,
Schülern zu helfen,
zu geistig aktiven Teenagern heranzureifen.

Eine große Aufgabe!
Wir danken Ihnen dafür, dass Sie diesen Lebensweg wählten.

Sobald Ihre Schüler die Haupt-/Mittelschule verlassen haben, obliegt es den Berufsschullehrern und den Ausbildern, diese Aufgabe aufzugreifen und weiter zu führen.

Im Idealfall reifen dann die geistig aktiven Teenager zu geistig aktiven jungen Erwachsenen, die später den eigenen Kindern kluge Ansichten und Einsichten mit auf den Lebensweg geben können.

Die Vermittlung von Lernstoff erscheint im 21. Jahrhundert, im Zeitalter von google, Wikipedia, TV-Sendungen wie Galileo oder TerraX, YouTube-Videos zu jedem erdenklichen Thema vielen Kindern und Jugendlichen (fast) nur noch als Nebensache.

Trotzdem beschäftigt sich Teil 2 dieses Buches damit, den Schülern aufzuzeigen, weswegen bestimmte Themen, die oberflächlich unwichtig oder gar nutzlos erscheinen, im Lehrplan stehen.

Wir bitten Sie nun, sich kurz über folgende Aussage Gedanken zu machen:

Ein Sportlehrer braucht den Schülern nicht zu erklären, wieso sie Sport machen müssen!

Würden Sie die das spontan mit JA oder NEIN beantworten?

Ein kleiner Denkanstoß – ganzheitlich:

Schüler, die das Fach Sport abgrundtief hassen,
sind dankbar für eine Erklärung.
Dadurch bekommen sie die Möglichkeit,
ihre Einstellung zu dem ungeliebten Fach zu ändern.
Um Erfolgserlebnisse zu haben.

Die Autorin spricht aus eigener Erfahrung.

Erst im Erwachsenenalter 35+ verstand sie

- den Zusammenhang von Mannschaftssport und wachsender Sozialkompetenz
- Vorteile von Teambuilding, Teampower, Gruppendynamik und gemeinsamen Zielen
- Regeln, Spielstrategien, Bewegungsabläufe in Erfolge umzusetzen.

Die Freude an Bewegung, die Aufklärung – und Bestätigung im Selbstversuch, dass die Kondition besser wird, je mehr man trainiert - dass es gute und schlechtere Tage gibt - war ihr während der Jahre in der Schule versagt.

Im 50m-Rennen wöchentlich schneller zu werden, besser zu werden, zu siegen, wäre in der 7. Klasse schön gewesen.

Damals, als Kind, wusste sie nichts davon und sah den Sportunterricht volle 9 lange Jahre lang als reine Schikane, als Bestrafung und Quälerei an. Zumal die geschminkten Sportlehrerinnen ihrer Schulzeit weder „vorturnten“, noch mitspielten, sondern lediglich dabei standen, streng schauten, Befehle riefen und ihr - egal wie sie sich bemühte - immer nur eine *ausreichend* gaben.

Sich alleine zu motivieren,
wenn man nur Nachteile an einer Situation sieht,
ist für Erwachsene schwer.

Für Kinder und Jugendliche ist es schier unmöglich.

In Teil 2 sind die Erkenntnisse der Autoren erhalten, die den Sinn für die einzelnen Schulfächer erweitern. Vielleicht haben Sie sogar noch bessere Ideen dazu.

Dann behalten Sie diese bitte nicht für sich. Teilen Sie es gleich morgen Ihren Schülern mit. Die Mitarbeit kann und wird sich dadurch verändern…

Schüler, die ein Fach abgrundtief hassen,
sind dankbar für eine Erklärung.

▪ Mittelschulen - Brennpunktschulen

Glücklicherweise ist nicht jede Mittelschule eine Brennpunktschule.

Vielleicht ist gerade Ihre Schule innovativ, modern, der Unterricht mitreißend gestaltet und der Notendurchschnitt gesamt nicht schlechter als 3,0 und die Schüler sind seelisch ausgeglichen.

Empfehlen Sie dieses Buch dann gerne Kollegen in anderen Schulen, deren Alltag mühsamer ist.

Die Autoren versuchen, viele Gedankengänge anzustoßen.

Die Besonderheit der Lebenssituation von Mittelschülern ist entscheidend anders als bei Schülern anderer Schulformen.

Beleuchten wir dies einmal genauer und gehen wir etwas zurück:

Kinder im Grundschulalter:
die Eltern sind in der Regel bemüht, ihren Kindern den Übertritt auf Realschule oder Gymnasium zu ermöglichen – unter Umständen sogar mit Nachhilfe und Lerntherapie.

Andere Familien entscheiden sich für Alternativen wie Waldorf- oder Montessori-Schulen.

Beide Autoren haben in der ersten Bildungsetappe auch *nur* die Hauptschule bzw. Volksschule besucht. Während der gesamten Schulzeit hatten sie nicht den Eindruck, schlechter zu sein als andere. Das lag vermutlich daran, dass sie Kinder waren, der Vergleich nicht da war und sie gute Noten schrieben.

Aktuell sind per Definition Haupt- und Mittelschüler die Schüler, die keinen Platz in weiterführenden Schulen fanden.

Für Kinder aus Handwerksbetrieben, die in die Fußstapfen der Eltern treten und den elterlichen Betrieb später übernehmen sollen, ist es ein solider Weg – auch im 21. Jahrhundert.
Ausbildung, Gesellenjahre, Meisterschule, Meisterbrief. Erfolg. Deren Eltern werden zumindest bemüht sein, dass das Kind einen guten Abschluss macht, auf den es aufbauen kann.

Der restliche Anteil verteilt sich auf

- Schüler, die aufgrund ihres Notendurchschnitts den Übertritt nicht geschafft haben, weil ihr Reifegrad in den Übertrittsjahren noch nicht ausgeprägt war.
  Dies kann auch bei den Eltern zu Enttäuschungen und den ersten - versteckten oder offenen – Vorwürfen dem Kind gegenüber führen!

- Schüler, die noch Zeit zur Reifung brauchen
- Schüler, die erst kurz in Deutschland – oder Österreich – sind und noch nicht ausreichend deutsch sprechen
- Kinder, die zuhause nicht gefördert wurden/werden
- Kinder aus Familien, deren Eltern selbst keinen Abschluss haben und nicht als wichtig ersehen
- Kinder, deren Familiensituation marode ist
- Kinder, die sich schlecht konzentrieren können

und einige andere Randgruppen.

Die Autoren wagen zu vermuten, dass zu einem hohen Prozentsatz der Umgangston zuhause oft rüde ist und dadurch eher Blockaden und Traumata statt Lerneffekte bewirkt– no way!

Sie als Lehrkraft haben es in der Hand,
aus diesen - Ihnen anvertrauten - Kindern,
wunderbare Erwachsene zu formen!

Am Ende des Buches hängt eine Dankesliste der alten Lehrer der Autorin.

Es sind nur sehr ausgesuchte Namen.

Von den Lehrern, die zur Weiterentwicklung beigetragen haben und die heute noch, nach mehr als 4 Jahrzehnten, dankbare Gefühle in der Autorin auslösen.

Kinder vergessen nicht.   Jugendliche noch weniger.

Schläge mit dem Lineal auf Kinderfinger, wie es früher normal und üblich war oder schreiende, beleidigende oder sogar vor der Klasse ängstlich kuschende oder weinende Lehrer vergisst niemand.
Niemals. Auch nicht, wenn er bereits 75 Jahre alt ist.

Die prägenden Jahre in der Schule begleiten die Menschen ihr ganzes Leben.

Selbstvertrauen, Geschicke, aber auch Zweifel und Minderwertigkeitsgefühle werden in diesen Jahren angelegt.

Wir danken Ihnen an dieser Stelle nochmals, dass Sie sich für diesen Beruf entschieden haben.

Die andere Seite der Medaille

Bitte lesen Sie dies sorgfältig. Wir wollen Ihnen sicher Ihren Beruf nicht erklären. In diesen Zeilen erfahren Sie jedoch die simplen Ursachen, weshalb körperliche Angriffe gegen Lehrer oder sogar Amokläufe passieren. Vielleicht ist es Ihnen seit langer Zeit bewusst, einem anderen Lehrer, der dies liest, aber noch nicht.

Um ein Beispiel für 2 Situationen aufzubauen:
(hier speziell angelehnt an üblicherweise lückenhaft vorhandene Geometriegrundkenntnisse)

Mündliche Arbeit:
Ein vorlauter Durchschnittsschüler, in dem Sie verborgenes Potenzial erkennen, wird an die Tafel gerufen. Wir nennen ihn hier Schüler X.
An Schüler X:

- Komm an die Tafel und zeige mir mal, wo bei dieser Fläche der Umfang ist.
- Zeig mir mal den Durchmesser.
- Was ist überhaupt eine Fläche? Ist ein Würfel eine Fläche?
- Wie berechnet man den Durchmesser bei einem Kreis, einem Rechteck, einem Quadrat?
- Was ist der Unterschied zwischen m^2 und m^3 - zeig es mit den Händen oder zeichne es auf die Tafel.

Danke, dass du so mutig warst, an die Tafel zu kommen.

Wenn es der Schüler X nicht weiß (davon gehen wir in diesem Beispiel zwingend aus), dann vielleicht Schüler M.

Wenn alle Schüler zur Schockstarre gefrieren,
erklären Sie es gerne selbst mit einfachen Worten - und 10 oder gar 20 weitere Unwissende schauen mit großen Augen zu – und lernen. Die Klasse gewöhnt sich daran und wird es

(heimlich) lieben. Zugeben werden sie es natürlich nicht. Erst in 20 jahren.

Es ist sinnvoll, in jeder Stunde einen Schüler an die Tafel zu holen. Das ist in jedem Schulfach anwendbar.

Sie fanden das bis hierhin unspektakulär?
Ihr Unterricht ist um Längen besser?
Glückwunsch. Das freut uns sehr.
Wirklich.

Die Autoren betrachten hier die psychologische Komponente, denn diese Situation kann bei manchen Schülern zu Gefühlen von Hilflosigkeit und Beschämung führen.

Amokläufe und Gewalt passieren. Immer öfter.
Und keiner hat es kommen sehen?

Schüler X wird die Fragen mit ziemlicher Sicherheit morgen auch nicht beantworten können!

> Denn an der Tafel zu stehen und keine Antworten
> zu haben, **kann ein unglaublicher Stress** sein.

Sobald er wieder sitzt, wird sich alles in seinem Kopf weiterdrehen, und er wird auch die Erklärungen der nachfolgenden Schüler und auch den Rest der Stunde nicht wahrnehmen.
Wer nicht von Ehrgeiz zerfressen ist oder ausgerechnet zufällig gerade den Stoff der letzten Stunde nicht nachgelernt hat (und das trifft in diesem Beispiel sicher nicht auf X zu) geht nicht heim und sagt sich: “ach, morgen weiß ich es, jetzt lerne ich das. Es war trotzdem toll da vorne”.

Er wird sich vorgeführt und gedemütigt fühlen.

Erlernte Verhaltensmuster rasen ihm durch Kopf und Körper – wie Gesichtsröte, aufsteigende Tränen, Scham, psychosomatische Bauch-, Herz- oder Kopfschmerzen, Verzweiflung, Resignation, Depression, Wut, vielleicht sogar Mordgelüste gegen Sie, der ihm das angetan hat. Gedanken an Flucht, das Verlangen nach physischer Selbstverletzung (oder nach Suchtmitteln), an Selbstmord gehen ihm unter Umständen durch den Kopf usw. Eine lange Liste.

Dies ist der wahre Hintergrund für Ausraster.

Die üblicherweise gerne als Schreckgespenst angeführten brutalen Videospiele sind nicht die Ursache, sondern lediglich erste Symptome. Zu viele geschluckte Misserfolge – verbunden mit (vom Lehrer oft gar nicht gewollten) Demütigungen, Ungerechtigkeiten, Strafen, müssen kompensiert werden.

Nebenbei bemerkt: Viele Erwachsene schauen sich seit 30 Jahren jeden Freitag den Tatort an. Oder Krimiserien. Oder sie lesen den neuesten Grisham oder Stephen King. Damit kompensieren sie ihre (unbewussten?) Aggressionen...

Irgendwann ist es der eine Tropfen, der das Fass zum Überlaufen bringt. Und das kann auch der Durchmesser eines Kreises sein.

Der Schüler erlebt statt Bestätigung nur Kritik und sucht sich eine Möglichkeit, die Gefühle abzureagieren.

Wenn die Kritik zuhause von der Familie kommt, kann er zur Not noch weglaufen. Trotz allem liebt er seine Eltern und würde ihnen nur etwas antun, wenn es gar nicht mehr auszuhalten ist.

In der Schule – gegenüber Mitschülern und Lehrern - liegt die Hemmschwelle jedoch weitaus tiefer.

Es ist uns einfach ein Anliegen, Gedankengänge anzustossen. So vielen Menschen ist es nicht bewusst, dass sie andere mit ihren Worten dauerhaft verletzen.

Schüler *mit einem dicken Fell* bemerken Kratzer oder Beleidigungen wahrscheinlich nicht einmal. Oder sie schütteln Verletzungen einfach ab.

Während Hunde, Katzen, Mäuse, Schafe ihr Fell sichtbar nach außen tragen, sieht man bei Menschen das Fell nicht...
Es kann so empfindlich sein wie die Haut eines Elefanten.

Sich cool gebende, desinteressierte und vorlaute Schüler sind oft weit mehr verletzlich als offensichtlich sensible und schüchterne Schüler.

Und sie sind weitaus nachtragender!

Selbstverständlich wird nicht jeder Schüler, der aufgerufen wird und keine Antworten geben kann, zum gewaltbereiten Amokläufer.

Aber einer von 10.000 ist schon einer zuviel...

Sie haben die Macht, das zu entzerren.

Diesen Stress können Sie X nehmen, bevor er eintritt. Wie?

“Schüler X: danke nochmal, dass du als Erster an die Tafel gekommen bist.
Und wer gelacht hat, der sollte das lassen. Ihr seid alle hier, etwas zu lernen. Schüler X kann den Stoff heute noch nicht, aber die meisten von euch auch nicht.
Du bekommst heute **keine schlechte** mündliche Note. Natürlich auch keine Gute. Das, was ich dich gefragt habe, ist aber wichtig. Das müsst ihr alle wissen, das ist Stoff für den Quali. Das müsst ihr also in der 9. Klasse auch noch wissen! Weil wir es jetzt ja schon besprochen haben, kriegst du von mir die Möglichkeit, es mir gleich zu Beginn der nächsten Stunde (übermorgen) nochmal zu beantworten.“

- **Damit kann er sein Gesicht wahren, denn er will ja nicht, dass jemand weiß, dass in den letzten Minuten in seinem Kopf das blanke Chaos war**

“Ich schreibe dir die Fragen auf ein Blatt, dann kannst du dich vorbereiten. Schau in dein Buch oder lasse es dir von Schüler Z gerne erklären. Dann erst bekommst du die mündliche Note.”
Möglicherweise fehlt er in der angesetzten Stunde. Dann sollten die Alarmglocken läuten. Sie haben eine Seite in ihm angestossen, die ihm unbehaglich ist. Vielleicht hat er auch

nur panische Angst, vor der Klasse zu sprechen. Gehen Sie bitte nicht von sich selbst aus.

Viele Erwachsene kommen nicht auf die Idee, dass das Gegenüber eine andere Persönlichkeitsstruktur besitzt.

- **Sehr viele Menschen hassen es, stehend vor einer Gruppe zu sprechen. Sie werden selten den Lehrerberuf anpeilen.**

Was für Sie Alltag ist, kann für ihn Stress pur sein.

Vor allem, wenn die Klasse desinteressiert wirkt, schadenfroh kichert oder Beleidigungen ruft. Lassen Sie sich nicht von seiner üblicherweise großen Klappe täuschen.

Handeln Sie pädagogisch wertvoll.

Sobald er wieder anwesend ist, geben Sie ihm bitte die Möglichkeit, Ihnen die Antworten notfalls unter vier Augen zu geben. Bieten Sie es ihm an und geben Sie ihm ggf. noch ein paar Tage Zeit, es zu lernen und – falls er nicht an die Tafel will – unter Aufsicht auf ein Blatt Papier zu schreiben. Teilen Sie es der Klasse mit, wenn er es richtig gemacht hat. Erkennen Sie seine Leistung an (aber nicht zu übertrieben, sonst ist er schnell der "Lehrerliebling" und plötzlich in der Opferrolle für Mobbing.)

Kinder suchen starke Vorbilder. Wie Sie.
Endlich kein ewig scheltender Erwachsener, sondern einer, der eine Leistung fordert, die der Schüler aber auch persönlichkeitsbezogen bringen kann und dafür verbal belohnt wird. Amoklaufen ist nicht mehr notwendig.

Die Wut verraucht. Der Schmerz auch.

Wie schon erwähnt: Sie können Übungen zu Formeln, Regeln, physikalischen Gesetzen, Vokabeln etc. in jeder Stunde einführen. 5 Minuten reichen. Auch mit Ankündigung, wer morgen gefragt wird und worüber. Die Klasse gewöhnt sich daran und wird es lieben – aber natürlich nie zugeben.

Gestalten Sie Rituale, von denen die ganze Klasse etwas hat und wo einzelne coole Checker ihr Image als Desinteressierte nicht einbüßen müssen.

(Lesen Sie gerne im Teil 1 *Max und Moritz*)

Sicher haben Sie hervorragende Ideen, wir glauben an Sie.

....

Hallo. Servus. Du hast als Schüler die Energie aufgebracht, dich auch bis hier durch den Lehrerteil zu lesen – das finden wir gut. Dann hast du wohl schon gemerkt, dass Erwachsene sich um sehr viel mehr Gedanken machen, als du geahnt hast.

Um das Leben und das Verhalten und die ganze Welt.
Und um Kinder, Jugendliche und andere Erwachsene. Erwachsene haben meist viel Verantwortung und idealerweise eine Lösung für die kompliziertesten Probleme. Manchmal liegen sie auch total falsch. Wenn du das Thema

Bildung und das Thema Kommunikation schon gelesen hast, weißt du ja, wieso.
7. oder 8. Klässler wie DU brauchen nur entspannt den altersgerechten Schulstoff zu lernen und dies möglichst gut. Natürlich kannst du aber weiter den Lehrerteil lesen. Wenn es geheim wäre, hätten wir es nicht in dein Buch geschrieben. Soll ja dein Buch sein.

Wo liegen die Talente jedes Einzelnen Ihrer Schüler?

In der 7. Klasse können viele Entscheidungen getroffen werden. Bei Recherchen zum Buch führten wir auch Gespräche mit Lehrern, Berufsberatern und Rektoren, um die Situation realistisch einzuordnen.

Eltern orientieren sich an den Empfehlungen der Lehrer.

Ist der M-Zug, die 10. Klasse, die Werksrealschule zu schaffen? Doch eher die Praxisklasse?
Welcher berufsorientierte Zweig ist der Sinnvollste?

Es liegt den Autoren fern, Kompetenzen anzuzweifeln.

Mit ziemlicher Sicherheit schätzen Lehrkräfte Schüler weit realistischer ein als die Eltern – sie beobachten mehrere Stunden pro Woche bewusst die Entwicklung und das Lernverhalten der Jugendlichen und haben breitgefächerte Erfahrungswerte!

Trotzdem ist es eine Momentaufnahme.

Objektivität und Subjektivität verschmelzen unspürbar.

Wenn ein Schüler nicht am Unterrichtsgeschehen teilnimmt und ausschließlich schlechte Noten schreibt, liegt es vielleicht auf der Hand, die Praxisklasse zu empfehlen. Durch den Schwerpunkt auf mehrere Praktika ist dann zwangsläufig der Anteil der Unterrichtsstunden verringert.

Aber ist dies wirklich die beste Lösung für den Schüler?
Bringt man ihn vielleicht um Chancen?

Deshalb ist uns folgender Gedankenanstoss wichtig:

Es ist ein reales Beispiel aus den Jahren der Ganzheitlichen Lerntherapie:

Mutter stellt sich mit Tochter vor. Problem: diese spricht zuhause kein Wort oder antwortet auf Verlangen nur einsilbig.
Im Unterricht beteiligt sie sich ebenfalls nicht, schriftlich sind die Leistungen im unteren Rahmen.

Nach der durchgeführten Lernpotenzialanalyse wird ein Vertrag abgeschlossen und das Mädchen kommt nun 1x wöchentlich.

Ziel: Kommunikation fördern. Durch das Arbeiten mit dem eigenen Deutschbuch (7. Klasse)

Bereits nach wenigen Stunden des Vertrauensaufbaues war klar ersichtlich, dass das Mädchen den Sinn eines beliebigen Textes nicht nachvollziehen konnte. Während allgemein-gebildeten Lehrern natürlich klar ist, was eine Gaube, ein Vehikel oder ein Leib sind, sah das Mädchen lediglich einen Text, dessen Bedeutung es nicht erraten konnte. Sie verstand kaum ein Wort. Der Text hätte ebenso in einer fremden Sprache sein können. Dies zog sich durch das ganze Buch.

Wir lasen jeden Text gemeinsam und übersetzten ihn Satz für Satz. Wir legten ein Vokabelheft „unbekanntes Wort - Bedeutung“ an und füllten dies die nächsten Wochen und Monate mit den Worten aus all ihren Schulbüchern. Auch das Textverständnis für Matheaufgaben ist bei vielen Schülern sehr eingeschränkt. Gerade, wenn zuhause Dialekt oder eine andere Sprache als deutsch gesprochen wird, fehlt oft der Wortschatz.

3 Monate später begann das Mädchen zuhause, sich selbstbewusst an den Familiengesprächen zu beteiligen und bereitete sich auf ihr Schulreferat vor. Sie bekam dafür eine Eins.

Später fand sie Freude an Powerpointpräsentationen und arbeitet heute (9 Jahre später) in einer Werbeagentur.

Aus dem schweigsamen Mädchen wurde eine kommunikative junge Frau.

In diesem Fall war es lediglich wichtig, dem Kind zu zeigen, wie schnell sich Defizite umwandeln lassen.

Es gibt so viele Gründe, weshalb beim Einzelnen das Lernen noch nicht optimal funktioniert.

Als Lehrer sensibilisiert zu sein
<u>auf versteckte Hilflosigkeit</u>
ist bereits eine große Hilfe für den Schüler

Fragen Sie sich gerne, wenn Sie die Schulstunde vorbereiten:

- War das für mich damals logisch, als ich dies erstmals in der Schule gelernt habe?
- Welchen praktischen Grund hat es, dies zu wissen? Was kann ich meinen Schülern dazu sagen?
- Wie könnte ich es anders erklären, so dass die Klasse den Stoff leichter versteht?
- Wie könnte ich es erklären, dass es mein persönliches „Sorgenkind" versteht?

Die gern gestellte Lehrerfrage in die Klasse: „haben das alle verstanden?" erzeugt meist entweder hilflose Blicke oder gespieltes Desinteresse.

Jugendliche haben viele offenen Fragen
aber sie fragen nicht.

Dazu eine Erinnerung aus der Schulzeit der Autorin:

Für die Jüngeren unter Ihnen: damals gab es Radio Bayern 1 und Bayern 3. Sonst nichts für Teenies. Dort liefen Schlager, Volksmusik und manchmal, aber eher selten, sogar englische Lieder!
In Klassenstufe 8 bekamen wir einen "coolen" Musiklehrer! Gleich in den ersten Stunden hatte er im Musikunterricht das Album *Thommy – The Who* dabei – ein Meilenstein! Er spielte es uns mit ehrfürchtiger Miene vor und vermittelte uns (mir) den Eindruck, diese Musik sei etwas ganz Besonderes. (Ich erinnere mich noch heute an seinen verklärten Gesichtsausdruck) Nach Liedern wie *Ein Brunnen vor dem Tore* und *Von den blauen Bergen kommen wir,* die wir sonst im Unterricht gesungen haben, war diese Art von Musikunterricht der Eintritt in eine neue, phantastische Erwachsenenwelt.

Trotzdem gab es einen **wesentlichen Kritikpunkt** an diesem Lehrer: er war ein ganzes Schuljahr lang unser Musiklehrer und er hat es nie bemerkt, dass keiner von uns Noten lesen oder schreiben konnte. Es war in den Vorklassen niemals Unterrichtsthema und eine Quälerei, die andauernd von ihm an die Tafel gezeichneten Noten diverser Lieder in unser Schulheft lediglich stupide abzumalen, ohne zu wissen, was das überhaupt bedeuten soll, wenn sie *gefüllt* sind oder auch nicht und was man damit macht.

Der Lehrer hat einfach angenommen, dass wir das schon gelernt hatten.

Hatten wir aber nicht. Und es ihm sagen? Niemals!

Eine Frage zu stellen, kann große innere Konflikte auslösen.

- alle haben es wohl kapiert, nur ich nicht
- vielleicht lachen jetzt ein paar
- die anderen halten mich für einen Streber
- in 2 Minuten klingelt es und wenn er es jetzt nochmal erklärt, nur weil ich gefragt habe, kommen wir nicht schnell genug raus und alle sagen, ich bin Schuld

Sicher gibt es noch mehr Blitzgedanken, die Schüler davon abhalten, zu fragen.

Sie verbleiben als Geheimnis jeder neu heranwachsenden Generation.

Ein weiteres Erlebnis aus der ganzheitlichen Lerntherapie:

Schüler, 17, bereits in Praxisklasse 9, berichtet in unserer Kennenlern-Phase freudestrahlend, er **darf** auf seiner Schule den „kleinen Quali“ machen. Dazu muss er *nur* einen Durchschnitt von 4,0 in Deutsch, Mathe und Englisch erreichen.

Zu dem Zeitpunkt stand er in Englisch auf 6, in Mathe und Deutsch auf 5.

Lernen erschien ihm völlig unnötig, für Nachhilfe hatte er keine Zeit, weil das nächste Praktikum bereits anstand und den Stoff am Wochenende selbst aufzuholen, hatte er keine Lust. Er schaffte den "kleinen Quali" nicht und bekam auch keinen Ausbildungsplatz.

ஓஓஓ

Der Ausruf eines anderen Schülers, ebenfalls Klasse 9, Montessori-Schüler, Ziel: externer Quali:

„.wenn mir irgendwann jemand gesagt hätte, wie wichtig lernen ist, hätte ich mich mehr angestrengt.

Meine Mama hat immer gesagt, sie möchte mir den Leistungsdruck ersparen."

Die Autorin hat in den Jahren einige Schüler erlebt, die in der 9. Klasse zur Hochform aufgelaufen sind - und trotzdem hauchdünn scheiterten, weil sie in den Vorjahren Lücken hatten. Gerade Lehrkräfte mit dem Fach Mathematik werden jetzt vermutlich aufseufzen. Der Mathe-Logikteil verlangt Formeln im Kopf und logisches Denken.

Sie als Lehrkraft können natürlich die Zeit nicht zurückdrehen und Ihren Schülern nicht den fehlenden Lehrstoff der vergangenen Jahre in zwei Wochen beibringen.

Trotzdem gibt es einen Lösungsansatz.

Jüngere Schüler bekommen auf das Auswendiglernen beispielsweise von Gedichten, Flaggen, dem 1x1, gute Zensuren und viel Lob und Anerkennung.

■ Dieses Prinzip ist ohne weiteres auch für Klassenstufe 7 + 8 einsetzbar.

Das größte Problem der Jugendlichen ist fehlendes Lob.
Und zu viel Kritik.
Zuhause UND in der Schule.

Eine höfliche und respektvolle Ausdrucksweise wirkt bei Jugendlichen Wunder.

Auch – und vor allem – wenn sie in der Pubertät sind.

Ein patziger Schüler/Lehrer-Dialog ist für alle schädlich.

Konzentration aufzubringen, wenn *dicke Luft herrscht,* ist echt schwer!

Um Missverständnissen vorzubeugen: Schulunterricht soll kein Weichspülprogramm sein.

Heranwachsende erwarten keine Friede-Freude-Eierkuchen-Schule!

Heranwachsende sehnen sich nach starken und gerechten Vorbildern. Es darf gepoltert werden, aber fair und kurz.

Lesen Sie gerne in Teil 1 den Absatz "Kommunikation" und gleich anschließend den Absatz "Motivation".
Die meisten Ihrer Schüler werden Sie unter "Die laute Motivation" Variante 2 wiedererkennen. Sich selbst eventuell auch (hoffen wir).

(Es gibt auch noch das Thema: Dein Lehrer ist ein Depp?
Das dürfen Sie später lesen… es hat auch ein Happy-End)

Die Autoren wissen aus eigener Erfahrung, dass gerade die Veränderung in der Interaktion wahre Wunder bewirken kann.

Pädagogen, die korrigierte Schulaufgaben zurückgeben mit ironischen Bemerkungen wie: "ja unser Herbert hat mal wieder - wie immer – eine Sechs" ist traurigerweise Usus an manchen Brennpunktschulen.

Auch Lehrer zu sein und als solcher zu bestehen ist eine Entwicklung.

Philosophisch gesehen ist ein Mensch heute anders als gestern. Jeden Tag trifft er viele kleine Entscheidungen und handelt unbewusst oder auch bewusst danach. Dadurch verändert er sich stets und gleichzeitig sein Umfeld mit.

Jugendlichen ist sehr wohl bewusst, dass sie noch nicht erwachsen sind. Aber sie wünschen sich, als *bald erwachsen* anerkannt zu werden.

In Teil 1 dieses Buches haben wir eine lässige, aber klare Sprache gewählt, die in unserer Ganzheitlichen Lerntherapie und auch in Jugendeinrichtungen funktioniert hat.

In der Schule ist es nach unserer Meinung sinnvoll, joviale Phrasen eher zu unterdrücken. Jovialität funktioniert meist nur unter vier Augen gut. Und selbst dann muss sie sachlich und dem Ziel angemessen sein.

Als Lehrkraft an der Haupt-/Mittelschule sind Sie Vorbild, kein Verbündeter.

Als Sozialpädagoge oder Lerntherapeut sind Sie beides.

Sie sind Vertrauenslehrer?
Nach unserer Meinung werden Vertrauenslehrer mindestens so oft angeschwindelt wie Hausärzte. Oder öfter.
Die Gründe zu Problemen liegen meist ganz woanders.

Wir wünschen uns, dass Sie nicht nur einen Fragenkatalog abhaken, sondern authentisch sind, dass Sie ganz genau die Zwischentöne hören und auf die Augen der Schüler achten. Wenn Eltern zusätzlich anwesend sind, achten Sie gerne auf nonverbale Kommunikation zwischen den Parteien.

Zurück zur Karriere der Ihnen anvertrauten Schüler:

Es ist wohl theoretisch möglich, sich aus der Praxisklasse oder dem Hauswirtschaftszweig zu lösen und den Weg zum Qualifizierenden Mittelschulabschluss mit anschließender M10 zu beschreiten, um eine kaufmännische oder soziale Karriere (auch später durch die FOS) anzustreben oder Ähnliches.
Praktisch gesehen scheitert es aber oft am eingeschränkten Unterricht zugunsten der Praktikumszeiten.

Wer sich anerkannt fühlt, ist auch eher bereit, einen Vorschlag zur Nachhilfe oder zum Lernen alleine anzunehmen, und von der Peer Group der bereits Resignierten in die der topmotivierten Schüler zu wechseln.

Ein sehr engagierter Rektor bestätigte uns, dass es grundsätzlich geht, die Praxisklasse wieder zu verlassen. Plötzlich steigende Schulerfolge könnten und sollten Lehrer sensibilisieren, dem Schüler das Angebot eines Klassenwechsels zu machen. Unter Umständen mit der nötigen Nachhilfe, um Lücken zu füllen oder eine Basis aufzubauen. Statt dem "kleinen Quali" den "großen Quali" zu machen, gibt klar mehr Zukunftschancen.

Wir haben im Teil 3 für die Schüler die Seite www.azubiyo.de erwähnt, welche wir im Rahmen der Recherchen für dieses Buch ebenfalls entdeckt haben. Neben der azubi-welt der

Arbeitsagentur hat uns bei azubiyo besonders gut gefallen, dass dort zusätzlich zu den geforderten Noten auch noch eine Spalte *hilfreiche schulische Interessen* integriert ist. Vielleicht ist ein gemeinsames Erforschen dieses Portals augenöffnend für manchen Schüler, die sich unter den modernen Berufsbezeichnungen meist wenig vorstellen können.

Zum unbeliebten und verwirrenden Malnehmen von Brüchen und einem Term mit und ohne Variable möchten wir gerne auch etwas sagen.

Zugegeben: Viertel (Getränke) , Halbe (Hähnchen) und Dreiviertel (Wasser- oder Weinflasche), sogar 7/8 Hosen kommen vor, das wahre Leben draußen ist jedoch weitgehend frei von 704/32teln multipliziert mit 128/8teln. Terme sind den Autoren im Alltag überhaupt noch nie begegnet.

Wie erklären Sie einem Schüler, **warum** er einen Term auflösen oder Brüche malnehmen muss?

- Haben Sie spontan die Antworten?
- Haben Sie sich das auch schon gefragt?
- Denken Sie gerade ernsthaft darüber nach?
- Werden Sie irgendwann darüber nachdenken?

- Ist es Ihnen egal und sie lesen einfach weiter?
- Unterrichten Sie Mathematik gar nicht?

Damit liegen Sie im Mittelwert.

Menschen sind verschieden…

…wenn sie jedoch wissen, wofür etwas gut ist, sind sie aber eher bereit, es zu tun.

Was bewog Sie, Lehrer zu werden? Finden Sie die Entscheidung nach wie vor richtig? Ist sie nachjustierbar? Vielleicht noch nicht im Moment, aber nach diesem Buch, wenn Sie auch die Teile 1, 2 und 3 gelesen haben?

Genießen Sie ohnehin täglich im Klassenraum Anerkennung und Erfolgserlebnisse, so dass Sie permanent motiviert sind und voller Freude Ihren Unterricht vorbereiten?

Wenn dies zum gegenwärtigen Zeitpunkt noch nicht der Fall sein sollte, kann dieses Buch dazu beitragen. Setzen Sie es gerne im Unterricht ein. Die Autoren hoffen, den Schülern wirkliche Impulse gegeben zu haben. Und auch den Lehrern.

Ihre Schüler sind in nun einem Alter vor und in der Pubertät.

Es liegt in der Natur des Menschen, dass er in diesem Alter Probleme nur mit sich selbst oder im besten Fall noch mit Gleichaltrigen, die natürlich nicht ernsthaft helfen können, ausmacht.
Problematiken der Dreizehnjährigen und Sechzehnjährigen unterscheiden sich vielleicht im sozialen Leben und im Fortschritt der körperlichen Entwicklung, im Familenleben können sie trotzdem gleich (schlecht) sein.

Pädagogen, die diese Klassenstufen als Bezugsperson begleiten, stehen täglich vor Herausforderungen.

Schnell wird ein Lehrer zum Opfer, wenn die Klasse Unsicherheiten und Schwächen und *rote Knöpfe* am Erwachsenen bemerkt, auf die man lustig drücken kann. In den Stufen spricht es sich wie Lauffeuer herum, wie man Lehrer zum Erröten oder zum Ausflippen bringt. Die Autoren hoffen, Sie sind frei von üblen Schülerstreichen und Angriffen.

Es gibt eine Menge TV-Filme oder Serien über den Schulalltag. Sicher kennen Sie den einen oder anderen davon. Auffallend ist, dass sie fast ausschließlich in Gymnasien spielen. Die Albernheiten, Probleme und Nöte sind weitgehend gleich. Aber in den Mittelschulen werden sie anders ausgelebt – wo das soziale Umfeld und damit die Löungsansätze meist härter und oftmals ungerechter sind.

Eine Persönlichkeit ist nicht statisch. Weder die eines Elternteils, noch die des Kindes. Jeder verändert sich ständig. Und Sie sind mittendrin.

Die Autoren danken Ihnen für Ihre eigenen persönlichen Lösungsansätze.

Ihre Schüler lechzen gerade in diesem Alter nach erwachsenen Vorbildern, die gewaltfreie, sinnvolle Strukturen vorgeben und Konflikte mit Worten lösen.

Bleiben Sie bitte

- ✔ gelassen
- ✔ motiviert
- ✔ neugierig
- ✔ freundlich
- ✔ authentisch
- ✔ helfen Sie, wo es nötig ist
- ✔ sprechen Sie mehr Lob als Tadel aus
- ✔ lachen Sie ab und an über sich selbst und

- ✔ **sehen Sie den Lernstoff, den Sie der neuen Generation vermitteln dürfen,**
  als <u>große Schatzkiste</u> an.

Und staunen Sie gerne immer wieder selbst, wenn Sie diese Schatzkiste – sogar nach 30 Jahren als Lehrer – für eine neue Klasse öffnen.

Danke

Impulse für Mittelschüler 7. und 8. Klasse Ziel: Qualifizierender Abschluss ☺

Danksagung der Autoren:

Josef Foisner

dankt posthum allen Lehrern der Volksschule Ramsau/Berchtesgadener Land, die während der Jahre 1946 – 1953 Unterricht abgehalten haben, sowie all den Lehrern der Jugendsiedlung Traunreut im Schuljahr 1953/54. Sein Traum, selbst Lehrer zu werden, konnte niemals real werden. Er liebte es aber, zu erklären und erzählte viel und immer wieder von seiner Schulzeit und den Marotten der Lehrer.
In seiner Tochter hatte er eine geduldige Zuhörerin. Theoretisch könnte sie jederzeit Spenglerarbeiten auf dem Blechdach ausführen – jede Falz wurde gut und nachhaltig erklärt. Praktisch hat sie aber Höhenangst.

Dieses Buch ist gleichzeitig auch eine Hommage an ihn.
Josef Foisner schrieb als innere Stimme mit. Er hat diese Welt schon 1999 verlassen.

Manche Sätze schwingen lebenlang mit.

Erziehung ist so mächtig!

Birgitta Hammerschmid-Foisner, geborene Foisner

Mein besonderer Dank geht an (sehr sorgsam ausgewählte) Lehrer der Volks- und Hauptschule Übersee 1970 - 1979

- ✗ Margot Kozik Klasse 1+2
- ✗ Pfarrer Sebastian Springer - kath. Religion
- ✗ Franz Werndle Klassenlehrer 3 + 4
- ✗ Otto von Hunoltstein + Georg Speicher Klasse 7+8
- ✗ Doris Christ (die Powerfrau für die Qualifächer)
- ✗ Anton Kraus Klassenlehrer Klasse 9
- ✗ Frau Grau – wäre die neue Generation der Sportlehrer gewesen! Leider hat sie nach 3 Monaten coolem Sportunterricht mit Elementen aus Meditation und Akrobatik den Schuldienst quittiert und arbeitete stattdessen 30 Jahre beim Hamburger Zirkus
- ✗ Franz Krendlinger, Musiklehrer

Liebe meine ehemaligen Lehrer, Ihre Worte beeinflussen mich noch heute. Nach so vielen Jahrzehnten. Das Engagement, die Erklärungen sind hängengeblieben, Ihre Sozialkompetenz habe ich meist für gut befunden und auf das Hauptschulwissen konnte ich später ausgiebig aufbauen.

Danke für alles.

Unsere Filmempfehlungen für die Lehrer von heute - gerne zur Selbstreflektion.

Wenn Sie Filme im Unterricht einsetzen, bitte mit der Fernbedienung in der Hand! An wichtigen Stellen bitte anhalten und Erklärungen <u>auf nicht gestellte Fragen liefern.</u>

- ✗ An Education – 2009 Großbritannien FSK 0

Dieser Film ist einsetzbar für das Thema: Schulabschluss ist wichtig – und besonders wichtig für Mädchen! Er bewahrt vielleicht die ein oder andere Schülerin vor folgenschweren Entscheidungen. Bitte sehen Sie ihn sich zuerst allein an.
Er spielt in England in den 1960gern. Bitte unbedingt besprechen und in die Echtzeit und in die Mittelschule adaptieren, denn dieser Film wirft viele Fragen auf, gibt aber auch sehr gute Antworten.

- ✗ Good will hunting – 1997 USA FSK 12
- ✗ Der Club der toten Dichter – 1989 USA FSK 12
- ✗ Die Kinder des Monsieur Mathieu 2004 F, CH, D FSK 6

Wir haben bewusst keine Serien empfohlen, in denen der Schulalltag der Lehrkräfte (Hauptdarsteller) als demotivierend und demoralisierend dargestellt wird.

Ein Film, fern vom Schulalltag – aber mit hervorragender Zielsetzung ist auch

- ✗ Cool runnings – eine fiktive jamaikanische Bobmannschaft schwankt zwischen den lähmenden Auswirkungen ihrer eigenen Erziehung und der Motivation eines Trainers. Der Film ist lustig, aber sehr klug. 1993 USA FSK 0

In diesem Sinne:
Servus. Ade. Machen Sie es gut. Noch besser.

Danke.

Wir haben eine Gruppe eröffnet, extra für dieses Buch und hoffen, dass uns viele Schüler dort Fragen und Kommentare schicken. .

Sie heißt: **Impulse für Mittelschüler – Fragen**

Liken Sie uns gerne auf Facebook !

Wir bieten auch Coachingstunden für Lehrer an.
Persönlich . Telefonisch . Per Videocall .

PN genügt. Wir hoffen auch auf fleißige Kommentare der Lehrer.

Entsprechende QR-Codes finden Sie hinten im Buch. Bis bald auf fb ☺

Vielen Dank an Gila Sloterdijk

Ganz zum Schluss möchten wir auch unserer klugen und aufmerksamen Lektorin großen Dank zollen.

Danke für die kleinen und großen Anmerkungen zu zeitweilig wild umherspringenden Gedankengängen, die von dir erst gezähmt werden durften.

Teil 1 + 4 entstanden schnell - du musstest jedoch lange auf die Teile 2 + 3 warten. Nun ist das Buch fertig.

Tatsächlich kennen wir uns kaum 5 Jahre. Sehr schnell bist du mir eine solch eine gute Freundin und Verbündete geworden.

Bildung ist wichtig – als Boden für alles.

Auch die Freude am Leben ist wichtig.

Farben. Reisen. Die Welt kennenlernen.

Die Sommer genießen.

Und das Wichtigste ist die Freundschaft.

Dies ist der QR-Code für die Facebook-Gruppe:
Impulse für Mittelschüler - FRAGEN

Sie möchten dieses Buch für Ihre ganze Klasse oder das gesamte Kollegium bestellen?

Kontaktinformationen für Bestellungen im QR-Code unten. Das Buch ist in jeder Buchhandlung und online zu haben. Der Osiander-Verlag bietet jedoch bei größeren Bestellmengen Sonderkonditionen an. Melden Sie sich gerne. Durch das Print on Demand-Verfahren dauert die Auslieferung jedoch einige Tage.

Sie haben Interesse an einem Coaching?

INFORMATIONEN

Sollte der QR-Code nicht (mehr) funktionieren, finden Sie die Kontaktinformationen in der Facebook-Gruppe.